万有文化

视频变线

好商汇·著

中国民族文化出版社

北 京

图书在版编目（CIP）数据

视频变线 / 好商汇著. -- 北京 ： 中国民族文化出版社有限公司，2019.12
　ISBN 978-7-5122-1308-1

　Ⅰ．①视… Ⅱ．①好… Ⅲ．①网络营销 Ⅳ.
①F713.365.2

中国版本图书馆CIP数据核字(2019)第276614号

书　　名：视频变线
作　　者：好商汇
责　　编：陈丽红
出　　版：中国民族文化出版社
地　　址：北京东城区和平里北街 14 号（100013）
发　　行：010-64211754　84250639
印　　刷：天津盛辉印刷有限公司
开　　本：710mm ×1000mm　16开
印　　张：11.75
字　　数：180千字
版　　次：2019 年 12 月第 1 版第 1 次印刷
印　　数：1—5000册
书　　号：ISBN 978-7-5122-1308-1
定　　价：69.00元

短视频掘金时代，把线索变成现金

孙锋 / 文

短视频逐渐成为当今营销的主流方式，其根本原因在于在信息碎片化时代它能够赢得用户青睐，吸引用户的持久关注。

如何深度挖掘短视频的营销潜力和新玩法、抓住它的红利期，是目前企业和营销机构努力探索的方向。

智能手机以及5G网络的普及，彻底打破了视频消费中时间和空间的限制。短视频作为一种立体信息的承载方式，凭借其碎片化、高传播率和低门槛等特性，迅速抢占了广告市场。

随着政策监管的规范化、用户需求的增长以及资本市场的青睐，中国短视频市场已经实现规模化发展，良性的行业生态逐渐形成。短视频发展过程中催生了二更、PAPI酱等优秀的PGC（专业生产内容）、UGC（用户生产内容）创作者，网络KOL（关键意见领袖）效应显现出了强大的营销能力。

中商产业研究院相关报告表明，2017 年中国短视频市场规模达到 53.80 亿元，增长率为 175.9%，预计未来我国短视频市场规模将进一步扩大。随着 5G 技术的普及，可以预见其市场规模将大大超越这个数据，短视频的未来无限广阔。

图 1 短视频用户规模及市场规模分析

好商汇经过多年发展，目前已经完成了短视频的战略升级，完善了短视频策划、拍摄、制作和投放等全套流程，打通了上、下游市场，构建起了一个良性循环的产业互联生态圈。

我建议好商汇把自己短视频战略的做法归纳总结出来，就形成了本书。

如何通过短视频将线索变成现金，是这本书重点探讨的问题。书中详细介绍了短视频营销的具体做法，对短视频创作者和想通过短视频实现商业价值的企业有很好的借鉴意义。

紧跟短视频趋势，带动企业发展

在短视频营销领域，国内大多数企业还停留在起步阶段，面对短视频的红利期，截取仅仅停留在表面，企业呈现盲目跟风。

企业和品牌想要进一步提升短视频的传播转化效果，布局短视频生态，必须对短视频进行深入了解，及时把握短视频红利浪潮，将短视频运用到营销领域。

只有这样做，才能跟上时代，实现营销的裂变式增长，获得最大化的推广效果。

什么是短视频

短视频即短片视频，是一种互联网内容传播形式。互联网新媒体传播的短视频时长，从几秒到几分钟不等，但大多数在 60 秒之内。

短视频通过快速拍摄与美化编辑，依托于移动端上传至社交媒体平台，以达到实时分享和无缝对接的目的。其内容形式多样、感染力强、注重创新，具有互联网营销的优势：互动性强、主动传播、传播速度快、成本低廉、符合移动用户习惯、利于传播和优化搜索等。

随着移动终端的普及（据中国互联网络信息中心发布中心的第43次《中国互联网络发展状况统计报告》显示，短视频用户规模6.48亿，用户使用率78.2%）和网络提速（5G时代），传统视频同质化内容泛滥。受众对短、精、优的内容需求愈加强烈。

短视频既能满足受众的碎片化时间需求，又能满足垂直细分领域的视频制作表达。所以拥有短、平、快特点的短视频，逐渐获得了各大平台、粉丝和资本的青睐。

符合竖屏思维潮流的短视频，已成为移动广告的主流形态，未来也必将成为招商平台的内容传播主要载体。

有人称短视频是"时间杀器"，"偷"走了人们生活中的大量时间。它的风靡和人们社交方式的变化息息相关。

短视频的迅猛发展，带来的红利可想而知。

短视频正在人群中蔓延。它在今日头条、抖音和快手等平台中保持数量的快速增长，用户的启动频率和使用时长均呈明显的上升趋势。

相较于传统营销手段，短视频的优势早已凸显了出来。

目前，PC（电脑）端和移动端的流量比例为1：9，移动端视频流量占比的提高或将成为未来的趋势。这意味着短视频营销是未来极具优势的一种营销方式。

招商企业要懂得及时抓住短视频的发展机遇，善加利用，跻身短视频行业，必将提升企业整体利益，推动企业的发展。

短视频发展的三个阶段

阶段一

短视频在电视广告时代多以广告片的形式呈现；注重制作精良，缺乏互动；用视频语言表达营销故事的方式被普遍接受。

阶段二

短视频在 PC 广告时代多以视频贴片的形式为主；更加注重内容与用户的互动性，可以直接转化导流；培育了用户短视频内容消费习惯和交互习惯。

阶段三

短视频在移动广告时代，短视频媒体平台成为短视频内容的主要阵地，其营销形式也更加丰富多元；互动性更强，同时具备内容属性和社交属性。

短视频的特点

短视频具有四大特点，这些特点也是短视频之所以如此火爆的原因。短视频创作者掌握了这四点，就能在短视频这股洪流中脱颖而出。

时长短，传播快

短视频以简短有趣的形式，逐渐占据了人们的碎片化时间。

与传统视频不同，短视频时长一般在 15 秒～5 分钟之间，相比追电视剧、看电影的时长，短视频因为用时短，成了人们日常消遣的首选。

用几分钟的时间即可拍摄、发布一部短视频，上传到平台后，用户能随时点开观看，这为短视频的传播与发展提供了有利的条件。

制作门槛较低

传统视频均以 20～90 分钟的长视频为主，拍摄时间长，准备过程复杂，需要大量的人力、财力和物力。对普通人来说，制作传统视频的门槛较高。

而短视频简化了拍摄流程，减少了制作时间。只要一部手机，就可以完成拍摄、剪辑、添加配乐和制作特效等工作。

和传统视频相比，短视频的制作门槛相对较低，更受普通人欢迎。因此，短视频创作者遍及各行各业，有舞者、歌手、画家和模特等。

由于短视频是基于智能手机等移动设备产生的，因此随着智能手机技术的发展，短视频在功能上将更加丰富，更加专业。

社交媒体属性强

传统视频网站的模式，是聚集大量视频供用户选择，形式与电视类似。

短视频平台则有着与传统视频网站截然不同的模式，短视频更像是社交的延续，是一种传递信息的方式。

短视频为用户提供了展现创意和分享生活的平台，用户是用户，也是创作者。同时，用户参与热门话题，突破了时间、空间和人群等多方面的限制，提高了用户的互动和参与度。

短视频这种新型社交方式，给用户带来了新的社交体验，扩大了新的交友范围。

内容能引起共鸣

短视频是基于 UGC（用户原创内容）模式产生的，用户可以自由选择自己感兴趣的内容观看，也可以将自己拍摄的视频上传到平台。因此，平台的视频内容形式多种多样，不会局限于某种固定的形式。

有别于电视剧、电影的精雕细琢，短视频的主角一般是普通人，内容也以日常生活中的奇思妙想为主，更接地气，也更容易引起用户的共鸣。

人是情感动物，越是能牵动情绪、引起共鸣的内容，越容易获得用户点赞。

一个热门话题往往能吸引成千上万的网民关注。短视频能够加快网络舆论的扩散，甚至呈现出病毒式传播的效果。

当下短视频中化妆、健身、宠物和美食等精品内容，之所以深受人们的喜爱，除了精美的画面和高水平的制作，也因为契合了时下部分年轻人热衷的颜控、吃货、爱心和品质等情感需求。

在这些精致的内容之外，还有些视频类型，即使同类的视频数量很多，也能获得百万级的点赞量，比如给环卫工人送水，帮助流浪动物等。这些视频多是创作者随手拍摄，画面质量并不清晰，制作水平也基本为零。它爆红的原因，就是因为引起了大众的情感共鸣。

当代社会，人们有相似的生活方式和工作压力，一旦被拨动心弦，情感的共鸣就会成为推动这些短视频传播的天然催化剂。

打造成功的短视频

当你知道了什么是短视频，也知道了短视频的特点，可能会浮现出一个疑问：什么样的短视频才算是成功的？

一个成功的短视频，离不开内容的打造、拍摄的把控以及剪辑的渲染。

内容是一个成功的短视频作品中最重要的部分（有内容，有设定，即有拍摄逻辑），内容是否能满足用户的猎奇心理，脚本非常关键。

由于行业、媒体属性、时间和用户群体等的不同，采用的拍摄逻辑和手法也有所不同。比如首帧关键把控、内容快速引入、一点出发、带动用户和创意核心等。

市场瞬息万变，你除了要了解短视频本身，还要把握短视频的发展趋势。

早期靠流量驱动

风口来临时，大量用户涌入新市场，获取用户的成本较低，所以各类产品蜂拥而入。产品靠自身卖点及差异化价值，在市场中获取了大量的早期用户。

中期靠内容运营

市场用户增长速度开始变慢，各大企业需要竞争存量用户。这时各大产品功能趋同，主要在资源、补贴和优质内容等方面激烈厮杀，几个用户量较大的产品开始领跑市场。

后期形成格局

互联网是"721格局"，即市场排名第一的可能占有70%的市场份额，排名第二的可能占有20%的市场份额，排名第三的及其他分享占有剩下的10%的市场份额。这是在互联网市场中常见的规律。

如今的短视频市场，处于中期竞争阶段，运营驱动下的产品竞争激烈，获客成本越来越高。

短视频行业的激烈竞争，带来了短视频内容的风口，无论是内容创业者还是招商企业，都应该抓住短视频红利期的机遇，实现自己的商业价值。

如今，短视频呈现出良好的发展态势，抖音和快手等竖屏短视频

App 的出现，更是掀起了短视频红利的高潮。

然而仅仅掌握了以上四点，并不一定就能紧跟短视频发展趋势，抓住短视频发展机遇。

想要更深入地探索短视频领域，为成功铺路，应该从理论、实践和工具三方面入手。可以说，彻底掌握了这三方面内容，就可以超越短视频行业中的大部分人。

CONTENS 目录

中篇：实践篇

第 12 章 MCN

下篇：工具篇

第 13 章 短视频制作工具

第 14 章 数据分析工具

附录

本篇主要阐述了短视频的三大思维：竖屏思维、用户思维和线变现思维。这三大思维分别对应怎样拍、怎样吸引观众和怎样获取利润。

　　掌握竖屏思维是为了知道怎样拍短视频才能更好地吸引观众。有了观众就有了流量，再通过流量达到变现的目的。

　　这样，就形成了理论篇的逻辑闭环。

上篇
理论篇

第 1 章 ❞

竖屏思维

竖屏，从字面上理解，就是竖着的屏幕，如今被默认为是手机屏幕的简短叫法。

竖屏思维，指针对手机屏幕呈现效果的一系列设计逻辑。

竖屏开启了一个全新的视频时代。

随着移动互联网的普及，用户的娱乐设备开始从 PC 端向移动端迁移，所有的娱乐方式都开始围绕手机进行升级，竖屏是必然趋势。

因此，掌握竖屏思维，才能更好地在短视频行业中立足。

1.1 竖屏短视频的出现

随着移动互联网时代的来临,人们所接触到的一切都在悄然变更。

手机从按键机升级至触屏机,音乐从唱片模式发展至数字模式,视频也从横屏长视频换代成竖屏短视频。

竖屏短视频其实是传统视频的一种模式升级,有着传统视频无法比拟的优势。

传统的横屏视频,视野相对开阔,空间层次感强,纵深感强,画面可以表现出复杂的人物关系。

然而在手机移动时代,传统电视和电脑横屏已无法满足用户的需求。面对日常三点一线的生活,人们在往返于家和公司的通勤路上,手机占据了大部分时间。人们的观看习惯由 PC 端转向手机移动端,传统电视和电脑横屏视频的趋势开始减弱。

传统的横屏视频需要用户在固定地点和固定时间,通过较大型的电子产品来满足观看需求。即便从 PC 端转为移动端,用户用手机观看视频也会面临剧情长、画面小、视野窄、展现效果差和娱乐性低等问题,无法达到当代用户高节奏、高密度、碎片化获取信息的要求。

从前,人们主要通过电视、电脑等大型媒体工具观看影像,现在则是通过抖音、快手、火山小视频等手机短视频 App 来观看影像。

短视频的崛起，在形式和习惯等方面，挑战传统的横向影视构图，成为了网络视频消费的主流趋势。

与传统的横屏视频模式相比，竖屏视频拥有观看更便捷、信息更聚焦和内容更直观的特点，让用户更快速地获取信息，如图 1-1 所示。

同时短视频不仅满足了用户娱乐方面的需求，还能让用户在碎片化时间内快速学习，提升自我价值。

在社会不断发展、技术不断进步和基础设施建设不断完善的时代大环境下，之前存在于短视频与传统媒介之间的两大鸿沟——流量与网速，已经不再是阻碍短视频发展的难题。

短视频凭借着便捷这一特点，不断超越传统媒介。越来越多的文字传播形式被短视频这一新形式所取代，短视频也由早期的特定的单元化种类逐渐向多元化方向发展。

图 1-1 横屏与竖屏的对比

1.2 采用竖屏思维的原因

短视频最具含金量的领域在竖屏模式。从传统的横屏到如今的竖屏，这一改变不仅实现了屏幕形式上的颠覆，也实现了用户使用习惯的颠覆。

（1）更符合观看习惯

在视觉习惯方面，人眼观看到的是一个180°的环形平面，类似于环形电影屏幕，详见图1-2。

这一先天因素导致目前的电影和电视节目内容，以宽高比4∶3或16∶9的横屏模式，在同比例荧屏上播放。

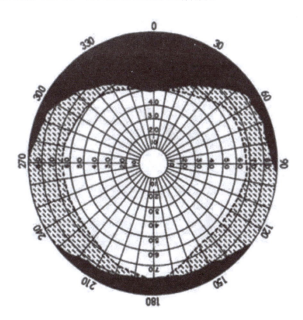

图1-2 人眼观看到的平面

但是当观看视频的媒介变成手机时，符合手机形态的竖屏，是最简单和最直观的内容观看方式。

绝大多数情况下，手机用户都是竖着拿手机。过半的用户不习惯将手机横过来观看视频，更有三分之一的用户喜欢把手机锁定成竖屏模式来观看视频。

因此，相较于横屏模式，竖屏模式才是手机用户最舒适、最方便和最习惯的选择。

同时，手机的竖屏模式与传统的横屏模式在长宽比例上的不对称，给用户带来了诸多不便。用户只能横向拿着手机，并点击全屏键，才能将视频画面翻转为横向全屏观看；如果竖向观看，则视频画面的上下方都会被巨幅黑边占据，把画面挤压得很小，给用户的观看带来很大的麻烦，详见图 1-3。

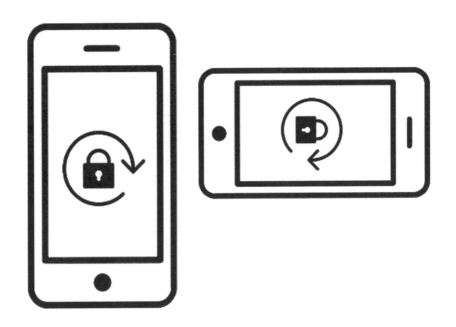

图 1-3 手机的竖屏与横屏

横屏视频模式的设计源于电影，而电影属于远距离观看的视觉媒体，并不需要手的参与。于是，进入智能手机时代后，二者的矛盾就产生了。

传统的视频软件都是横屏模式的。据对国外视频制作人进行的调查显示，很多人宁愿忍受巨大的黑框，也不愿费力将手机横向观看。并且手机拨打、接听电话和浏览信息的习惯，会给横握手机观看视频带来很大麻烦。因此，横屏模式对习惯竖拿手机的用户来说，带来的视听体验并不是最佳的。

竖屏模式的视频，为手机用户提供了天然、无缝的原生体验。用户在观看视频时，可以很自然地单手握手机，而不用费劲地将手机旋转过来。

现在抖音、快手等短视频 App 都使用竖屏模式，用户不仅可以竖着看视频，而且视频会充满整个手机屏幕，用户不用再忍受黑边带来的视觉不适，如图 1-4 所示。

图 1-4 有黑边和无黑边的对比

　　用智能手机的这代人，已经习惯了便捷的生活方式，看视频也追求便捷。因此，能减少使用步骤、提升生活娱乐性和分享生活美学的竖屏短视频，就成为了发展趋势。

（2）更能突出主体

　　竖屏短视频更适应手机用户碎片化的消费特点，用户需要便捷的观看方式、快速的信息获取和直观的视觉消遣。随着手机硬件、视频平台和视频软件的发展，拍摄手机短视频的人越来越多。

　　为了更加明确、快速和直接地传达信息，竖屏短视频紧紧抓住最重要的主体进行快速拍摄，突出重点即可，不用费神细究场面和景深等其他元素。这也使得人人都可以参与拍摄，拍摄门槛较低。抖音和快手等短视频 App 的火爆，就是对这一特点的佐证。

另外，制作竖屏短视频时，手机用户可以用非常舒适的姿势随手拍摄，实时捕捉画面。同时，它更能突出人体、树木和高楼等具有纵向延伸感的垂直物体，而这些物体往往正是竖屏短视频日常随手拍摄的主体，与其特点非常符合，如图 1-5 所示。

竖屏拍摄的构图在横向上采用中近景，在纵向上又有特写的效果，能够同时展现拍摄主体的上肢肢体语言与面部表情。这样一来可以更充分地利用画面来表现其姿态和细节，避免在狭窄的影室空间内拍摄到两边的照明设备，能达到减少横向干扰物、突出主体的效果。

图 1-5 竖屏视频比横屏视频更能突出被摄主体

（3）更能增强交流感

竖屏短视频会在无形之中迅速拉近人与人之间的距离，如图1-6所示。比如观看网易公开课，因为是横屏，大家会认为这是演讲；如果换成竖屏，就会认为对方正在与你进行视频聊天，只跟你一个人讲。这两者之间的区别，在于构图与景别的不同。

镜头是观察世界、传达信息和表现情绪的有效工具，对镜头的设计和安排，决定了短视频的画面效果。竖屏构图将镜头聚焦在最重要的内容上，集中展示的被摄主体占据了画面的主导地位，能够拉近视觉距离。缩小用户与被摄主体之间的心理距离，容易给人以一对一的交流感与被关注感，形成情感上的共鸣。

图1-6 竖屏视频与横屏视频相比，能让被摄主体离用户更近

（4）更能放大眼中世界

不同于传统视频远景空镜头的宏大深远，竖屏短视频多采用中近景，以细腻传情，比如通过雨天水滴或铁网栏杆。画面讲究对物体"质"的表现，即通过镜头呈现出拍摄主体细节的全部视觉内容。

例如放大近距离才能看清的微观世界，微观画面可以直接调动用户的触觉经验，增强画面的感染力；同时作为叙述情感的有效补充，能提升影片活力，拓展画外空间，如图 1-7 所示。

图 1-7 放大眼中的世界

（5）更多的播放量

相比横屏，竖屏拍摄的构图，是将镜头集中在最重要的内容上，省去无关信息的干扰。竖屏短视频的优势如图 1-8 所示。

竖屏画面表现的空间范围较小，被摄主体的部分形象，成为引导用户视觉的主要内容。用户能够自然聚焦，在不受到干扰的情况下，更容易接收到拍摄者想要传递的信息，记忆留存的时间也更长。

当画面信息量较大时，屏幕按照 1 ∶ 1 或 2 ∶ 1 的比例上下分割开来，裁出的宽幅空间，使得事件的场景画面能够实现横屏播报。

竖屏视频的播放次数，往往会比横屏视频的播放次数高 10 倍，更有助于实现信息的高转化率。

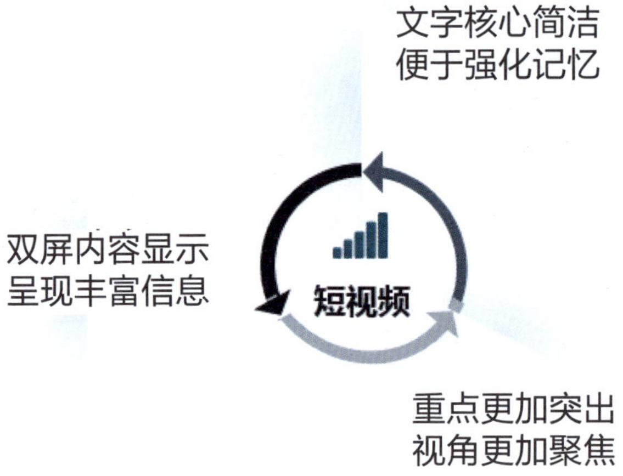

图 1-8 竖屏短视频的优势

1.3 采用竖屏思维的短视频类型

近年来，适应手机纵向的竖屏模式成为新常态，挑战着传统的视频模式。

竖屏是一个非常好的识别符号，相较于内容的差异化而言，形式的差异化更容易被人们所感知，充满构图惊喜，而且体验效果非常棒。

短视频不仅在形式上实现了很大的转变，内容上的转变也极为丰富。常见的竖屏短视频类型，有以下几种，详见图1-9至图1-19。

图1-9 采访型　　　　　图1-10 分享型　　　　　图1-11 广告型

图 1-12 美食型　　　　　图 1-13 旅游型　　　　　图 1-14 生活型

图 1-15 剧情型　　　　　图 1-16 音乐型　　　　　图 1-17 教程型

图 1-18 直播型　　　　　图 1-19 段子型

竖屏短视频已经成为移动互联网时代更便捷、更受人们欢迎的信息传播形式。

第2章 ""

用户思维

短视频主要靠内容吸引用户，进而获取流量和实现盈利。

所以懂得竖屏思维后，就需要了解用户思维。这样才能确保制作出来的短视频符合市场需要，也就是符合用户需求。

用户思维概括为一句话：站在用户的角度，思考用户最想要什么，从而制作出受用户欢迎的产品，再将产品销售给用户，最终赚取利润。

2.1 用户画像是用户思维的基础

了解用户思维首先要知道什么是用户画像。用户画像就是真实用户的虚拟代表。

我们可以建立一个目标用户模型，并进行调研，了解用户目标、行为和观点的差异性，从而对其进行分类。抽取出每种用户类型的典型特征，并对其进行描述，包括姓名、地址和年龄等，形成一个人物原型，这就是用户画像。它是建立在真实的数据之上，并不断修正得到的。如果存在多个用户画像，需要考虑用户画像的优先级。

要想创造出极致的用户体验，首先要了解用户，针对不同的用户类型需求，提供与之相对应的服务或产品。

例如都市白领更关注职场和创业类的短视频；年轻女性更关注美妆和瘦身类的短视频；中小学生更关注游戏和动画类的短视频等。

所以在制作短视频时，我们首先要确定自身主要面向的用户类型，针对用户特点和需求，制作出与之相对应的短视频。这样短视频才有火起来的机会。

用户思维中有一个很著名的 4C 理论，即以用户需求为导向，优化市场营销的四个基本要素，包括用户、成本、便利和沟通。

（1）用户。在拍摄短视频的过程中，内容生产者要考虑用户是谁，他们的真实需求是什么，要深度理解用户。

（2）成本。优化成本就是从用户角度去节约成本，包括显性成本和隐性成本。其中隐性成本很容易被忽略，比如用户耗费的时间、精力和体力等。有些短视频为了降低用户在理解视频内容上付出的隐性成本，会为视频加上字幕。

（3）便利。在短视频内容相同的情况下，用户更倾向于选择观看方式较便捷的一方。比如两个视频内容相同，但一个是横屏一个是竖屏，用户为了方便，不想点开视频之后，还要把手机横过来再打开全屏，自然而然会选择竖屏短视频。

（4）沟通。简单地说，就是表达出用户想说的话，进而引起用户共鸣。拍摄短视频时，其内容和主题如果符合人们的心声，那么火起来的概率就会比较大。

2.2 根据用户思维确定用户需求

在互联网时代，谁拥有了用户，谁就拥有了未来。用户思维能帮助短视频创作者更好地获取用户的好感。

用户思维在短视频中存在的意义，是让内容创作者在拍摄短视频的过程中，抛开个人喜好，将焦点聚集在目标用户的动机和行为上，从而制作出能获取更多流量的短视频。

相较于用户画像数据的科学性，内容创作者一时的灵感并不具备说服力。

各大短视频平台的机器算法，会为每一位用户打上标签。一个新的短视频上传到平台后，机器会按照标签将其按照分类推送给对应用户。如果这个短视频不符合用户的需求，那么机器就不会推广这个短视频。

因此，短视频创作者需要根据用户思维确定用户需求，去了解用户想看什么样的短视频。

企业或个人可以通过统计短视频数据，收集用户群的人口属性、行为属性、社交网络行为特点、心理特征和兴趣爱好等数据；进一步将具体数据分解为可落地的数据维度，形成字段集，并给这些用户打上标签。

企业或个人掌握了用户标签后，下一次拍摄短视频时，就可以拍摄有针对性的内容，以便获得平台更多的推荐。

2.2.1 用户需求是如何形成的

人为什么会对一个产品或服务有需求？我们可以通过缺乏感、目标物和能力这三个方面了解这一问题。

（1）缺乏感。可以理解为用户痛点，就是目前在市场中，消费者有哪些急需被解决的问题。这些问题的出现，会导致消费者出现缺乏感，进一步产生产品或服务的需求。

（2）目标物。指针对消费者各种各样的问题，短视频创作者通过对视频内容为消费者所能提供的解决方案，以视频的形式呈现，更加简单易懂。

（3）能力。指让消费者产生购买的能力，通过短视频营销，推动消费者购买产品或服务。好的短视频会将广告完美植入，且不让消费者抵触，让消费者在观看的过程就产生消费行为。

当消费者的问题和我们提供的解决方案吻合时，就会形成消费者购买的动机。当消费者有了购买动机后，他就会通过各种方式去评估你是否是他唯一要选择的对象，或者是否是最佳的选择。

了解这个思路后，企业或个人就可以将它运用在自己的产品或者项目上，针对消费者的缺乏感，对自己的产品或者项目进行调整。

比如，现在抖音 App 上有很多推广大码女装的短视频，面向的主要消费者就是身材较为丰满的女生。她们的痛点是不知道穿什么衣服才显瘦，而大码女装短视频就针对这点，推销自己的产品。

随着短视频创作者的增加，针对消费者职场、美妆、健身和购物等需求的短视频多如牛毛。新手入行时，如果选择较为热门的市场入手，必定会面临非常激烈的竞争。因此，不妨寻找、发现消费者新的需求，从细分领域切入。

2.2.2 挖掘短视频用户新需求

市场环境在不断地变化，消费者的行为也会不断地发生变化。消费者的行为发生了巨大的变化，就会形成风口。那么如何挖掘短视频消费者新的需求？

短视频创作者要通过消费者的缺乏感、目标物以及能力的变化，去判断风口。

也就是说，随着科技和社会的不断进步，市场环境的不断变化，会让消费者所面临的问题、需要的解决方案和购买能力发生巨大变化。企业需要不断洞察消费者的需求以及行业未来发展的方向，只有这样才能提前布局，抓住风口。

比如电影制作方为了迎合如今人们时间碎片化的特点，用段子、小剧场等方式在短视频平台上做宣传。

第3章 ''

线变现思维

　　线变现思维，即"线索＋变现"，是指短视频创作者要将短视频提供的"线索"，变成现金。

　　掌握了竖屏思维和用户思维，基本上就能拍出受欢迎的短视频。

　　拥有流量之后，如何把短视频线索变成现金，是所有人重点关注的一个问题。

3.1 线变现中的"线"是什么

线变现思维中的"线"，其实就是指短视频的线索，也是短视频的变现基础。

短视频的线索，主要有以下三个方面。

（1）稳定的内容产出。

短视频是典型的内容产业，短视频创作者需要稳定地输出有价值的内容，才可能源源不断地吸引粉丝，从而成功打造IP（品牌），将自己的流量变现。

（2）一定的用户基础。

不管是什么产品，最终是由用户买单。短视频创作者拥有的用户越多，变现概率和能获得的利润也就越高。

拥有了一定的用户基础，相当于拥有了一群愿意为自己付费的粉丝，一些非常有用的数据。

非常有用的数据是指这群用户会为内容点赞、转发和评论，从而扩大对创作者的影响力。

这种情况下，就会有商家希望短视频创作者为自己的产品做广告推广，而短视频创作者也能从中获利。

（3）成功的 IP。

短视频变现最重要的线索就是成功的 IP。

IP 也可以理解为个人品牌。

目前各大企业和品牌都偏向于利用短视频打造 IP。用户更偏向于为 IP 买单，而不是为产品买单。

比如抖音上很多"带货"主播，都是先打造出自己的 IP，受到了用户的追捧，再开始接广告以及带货。

用户为了支持主播，会选择购买产品。而产品质量的好坏，已经变成用户购买产品时的次要考虑因素。

这三个线索相辅相成，缺一不可。短视频创作者必须输出稳定的优质内容，才会吸引粉丝，当粉丝达到一定的数量，你就会成为一个 IP，然后才有变现的资本。

3.2 为什么需要线变现思维

大部分的短视频创作者想通过短视频实现盈利，但他们缺乏系统的变现逻辑。

短视频如何变现？变现的方式有哪些？变现到哪种程度和规模？这些都是线变现思维包含的内容（实践篇会详细讲述）。

掌握了这些逻辑，短视频创作者就能少走弯路。否则，你花了很大心力打造出的短视频，可能最终沦为一个自娱自乐的产品，无法给自己带来利益。

线变现思维有三大意义，能够帮助短视频创作者更好地实现变现目的。

（1）为短视频创作者提供变现方向。

短视频变现只是一个目的，具体的方向还需要短视频创作者自己把握。

线变现思维中的"线"是指短视频变现必须掌握的三个线索。这些线索给短视频创作者指明了清晰的拍摄方向，指出变现的具体做法。

（2）为短视频创作者梳理变现流程。

线变现思维可以帮助短视频创作者将自己凌乱的逻辑，梳理成一个完整的变现流程。

例如一个美妆类短视频的创作者，可能最初只是想通过短视频向用户推销美妆产品，以此变现。

如果这个创作者掌握了线变现思维，逻辑就会更加清晰和具体。第一，稳定输出优质的美妆类视频，以此吸引更多的用户，成功打造出一个IP；第二，根据常见的内容变现方式，比如接广告，或者与电商合作卖自己的产品等，达到变现目的（详见实践篇第11章）。

当短视频创作者掌握了线变现思维，慢慢地会形成一个可持续发展的变现系统。

（3）为短视频创作者加速变现进程。

有些短视频创作者可能在无意中已经掌握了短视频的线索，做到了稳定产出内容，拥有了一定的用户基础，但就是迟迟无法变现；又或者已经处在变现进程中，但速度非常慢。

在掌握了线变现思维之后，短视频创作者就能通过复盘整个流程，知道是哪个环节出了问题，从而加以纠正。一旦解决了问题，变现进程自然就会加快。

线变现思维对短视频创作者而言非常重要。可以说，想要实现短视频变现，一定要拥有线变现思维。

本篇是在掌握理论篇的基础上，给出的具体实践方法。

实践篇从组建短视频团队、做好短视频内容前期准备、如何进行短视频拍摄以及如何做好短视频运营四个方面展开具体叙述。

中篇
实践篇

第4章 ❞

组建短视频团队

以个人兴趣为导向制作短视频，就不需要团队。

如果想做大做强，实现较好的商业目的，就必须组建专业的短视频团队，才能高效完成商业化内容的生产，实现商业变现。

专业的短视频团队需要专业的人员配置和明确的职责分配，短视频创作者要认真对待。

4.1 短视频团队基本配置

一条短视频的产生需要经过这几个环节,包括前期调研、内容策划、拍摄、剪辑、包装、推广发布、变现和粉丝维护等。

经过前期调研,确定内容方向后,再进行批量生产。短视频的制作、宣发和运营,需要一个 4 ~ 6 人的分工团队。

团队基本配置包括策划、编导、摄像、剪辑和推广运营(推广运营有时需要 2 人),4 人为最低配置。

如果想要达到更好的效果,通常要增加 1 位灯光师。有的摄影师可以兼任灯光师,有的编导可以兼任剪辑。

以好商汇短视频团队为例,具体人员配置为:管理员 1 人、脚本策划 1 人、拍摄 2 人、剪辑 1 ~ 3 人和运营 1 人。

管理人员作为项目统筹,协调安排各个成员的工作,保证各个部门的工作顺利运行。

其余人员的配比,要根据团队工作的强度进行安排,形成一个标准的流程。

每周需要发布 2 ~ 3 个短视频作品,在此情况下只需 4 ~ 5 人,脚本、拍摄、剪辑和运营各有 1 人负责。若对前期拍摄或后期剪辑的效果要求较高,可再增 1 人分担工作,提高成品效率。

好商汇短视频团队完整的视频拍摄流程，由以下几部分组成。

（1）发布任务。

有一名固定的客服人员，专门负责对内、对外所有的对接业务，以及安排工作任务。短视频的所有文案、拍摄和剪辑流程，均由客服发出，且前、中、后期的协商也均由客服处理。

客服需要了解项目具体情况，并与项目方协商后，收集整理资料素材，按流程进行下一步的工作任务安排。

在前期工作中，客服要注意资料素材的收集和制定拍摄计划表。做好该项目拍摄前期问题的沟通协商，并确认拍摄日期，告知项目方。

在中期工作中，客服要注意针对任务进展所遇到的问题，与项目方进行沟通协商，给出最终的、有效的解决办法。

在后期工作中，客服要注意针对需要修改的地方与项目方做好沟通；项目结束后对该项目进行总结（客服安排各组长进行总结，在工作群或会议上进行后期经验总结）。

（2）视频策划流程。

① 了解项目。

整理项目方现有的资料素材（品牌画册、招商手册和视频等宣传资料），认真阅览。

② 视频策划。

根据客户目前的实际情况和未来将会出现的情况，做好视频策划

（要规避虚假信息）。

要考虑一些可控因素对视频拍摄造成的影响，包括企业、品牌形象、门店、环境和企业内部人员调动等。

还需要考虑一些不可控因素对视频拍摄造成的影响，包括布景配合度、人员调动配合度和实际在门店取材时可能出现的难题等。

③ 根据类型出稿。

推广类。纯文字稿的重点以及注意事项部分需额外备注。

情景片、M90、专访、短视频类。必须有详细的脚本文稿，要对应到每个具体画面，涉及人物的选择要求、环境要求等各方面细节，需要编辑将脚本内容具体化。

企业宣传类。无论是微信、短视频还是宣传片，必须有脚本文稿。注意要有相关的创意元素，同时还要注意合理利用场景。后期要与拍摄方向和剪辑方向进行核对和探讨。

（3）确认文案。

为防止视频完成时间延期，要求客户要在 1 ~ 2 天内，对所给的文案进行确认，并给出反馈意见。所有修改要在 24 小时内完成，并做好最终确认。

（4）拍摄流程。

给拍摄人员安排任务，确定好该项目的负责人。所有视频拍摄限定两人外出，若需三人必须向上级请示。

拍摄负责人与编导在前期要针对视频的整体思路、需求点和一些必要的细节做好具体沟通。拍摄负责人要在当天根据商讨结果做出详细的拍摄计划。

拍摄负责人要事先向业务员提供拍摄计划，并给出详细要求。

若涉及产品或餐品的展出，需要相关人员提前做好准备。拍摄人员到达之前，所有产品、人员调动和环境的布置，均需提前安排就位。协调并确认好所有注意事项后，拍摄人员确定拍摄日期，并准备好拍摄器材。

拍摄期间，如果出现不可控因素导致拍摄计划暂停，需与对接人员沟通协调好重新拍摄时间。

拍摄完成后，最后确认是否有遗漏的镜头。

将拍摄素材整理、保存好，通知剪辑师开始剪辑。

（5）视频剪辑。

与编导做好剪辑前的沟通，确认最终呈现效果，保证视频效果与核心方向保持一致。与拍摄负责人做好剪辑前的沟通，确认最终拍摄时是否修改过剧本，保证取材的变动不能影响视频的最终呈现效果。

对剪辑中遇到的问题要做好详细记录，并反馈给小组长。要做好经验总结，避免下次出现同样问题。

安排内部人员配音，也可以让外部人员来配音。要注意费用的合理把控，规避不必要的浪费。

在每周周研讨会上，针对出现的问题给出优化建议，剪辑人员要在今后新视频的剪辑中做到提升，避免出现同样的问题。

视频剪辑完成后，交于编导审稿，不符合要求的要做修改。审稿意见中若出现后期无法补拍的问题，编导和剪辑师要一起探讨出提升片子效果的解决办法。

此外，各组长要安排工作人员在平时的工作中，注意各项素材的收集，主要有以下三个方面。

一是定期做素材的收集。针对各行业各类型发布素材收集任务。

二是创意的收集。工作闲暇时，发布创意任务，鼓励各位工作人员要发挥性创造新事物。

三是传统广告视频的收集。督促各工作人员要多看、多听、多想，同时要多做创新。

（6）编导审片。

编导审片时要注意。是否将核心点凸显出来；是否足够吸引人；是否可以达到预期的变现和转化效果；是否做到了创意的体现；成片的质量如何；配音、画面等各细节是否处理妥当。

给出审片满意度评分。总结整个视频出现的问题，在今后的工作中要规避同类问题的发生。

（7）客户确认。

如果客户满意，成片确认，就可以交片了。

如果客户认为需要修改，就进入修改阶段。如果客户提出具体修改意见，要在1～3天内完成修改，发给客户进行确认。如果客户没有提出具体的修改意见，由业务员针对客户的要求进行沟通，有详细的修改方案后，再安排修改。

如果客户对视频不满意，要求重新拍摄，要找出具体原因，提出改善的方向，与客户协商解决。注意不要与客户发生冲突。

关于重新编辑和拍摄的视频，后期需要沟通的内容，由业务员或对接客服先给出结果，双方商讨确认后再安排具体的编辑、拍摄事宜。需要重新拍摄的视频，要重新规划拍摄时间。

因为项目方自身的原因造成视频拍摄超量，要与项目方重新商谈拍摄费用。

（8）成片确认。

与项目方进行成片确认，确认无误后，交片。

以上是好商汇短视频团队完整的视频拍摄流程。

4.2 短视频团队人员职责

图 4-1 好商汇视频团队部分人物照

短视频团队中各个岗位的具体职责如下介绍。

（1）内容策划。

目前市场上的短视频制作大多是垂直品类。首先要确立自己团队要做的是哪个方向的短视频，比如科技、生活、旅游还是时尚。确定好拍摄方向后，需要明确从哪些层面开展工作。

例如旅行类视频，需要具备旅行知识的内容策划团队，去规划内容的整体基调和方向；招商加盟类视频，需要有专业招商知识的团队，针对品牌方或加盟商的需求策划内容，打造专业度较高的视频。

（2）脚本策划。

团队中负责脚本策划的成员不仅需要较高的文学素养，还要充分了解用户的需求。

脚本是整个视频最重要的灵魂，一个好的脚本策划不仅要求成员写出一个好的故事，还需要该成员给出所需道具、布景以及演员选择的标准，从而让其他工作人员了解该短视频作品的内核，最大限度保证成品的整体性。

（3）编导。

编导主要把控该条视频的拍摄内容，确定拍摄风格。编导要经过前期的调研和资料搜集，写出每一集视频的策划方案和脚本，并和摄影师、灯光师进行沟通，确定最终的拍摄。

（4）摄影师。

短视频拍摄对摄影师专业性要求更高。除了对画面构成、光影色彩的把控和影像的清晰程度有一定要求，摄影师本身的审美能力也是关键。

一个好的摄影师可以提升整个短片的成品效果。即使是简单的画面，也能将美感呈现得淋漓尽致。摄影师必须充分了解拍摄脚本，在最短的时间内，通过镜头突出主题，将内容准确地传达给用户。

摄影师主要对拍摄负责，但是在前期还会参与摄影棚的搭建和视频拍摄风格的设定等工作。

（5）剪辑师。

剪辑师不仅要掌握一定的剪辑技能，还需要详细了解前期的准备工作。对景别的了解是必备的技能，在景别的选用上要符合短视频剧情的要求。在剪辑过程中，要加强与策划人和摄影师的沟通，充分了解其镜头语言想要表达的内容。

剪辑师还需充分了解用户想要看到什么内容。在剪辑过程中必须抓住用户的"痛点",即运用剪辑技巧在最短时间内抓住用户的眼球。

短视频成品最好在开始部分就能快速切入正题,引出矛盾,掌控节奏。

虽然剪辑师主要对最后的成片负责,也需要参与策划的整个过程,因为这会影响到后期的剪辑和包装。

（6）推广运营。

推广运营需要解决的问题包括视频完成后,如何获得最高的内容和栏目曝光率、发送渠道、用户反馈管理、以及粉丝运营等。

运营必须具备良好的沟通能力和写作能力。良好的沟通能力可以保证与短视频用户交流顺利;而良好的写作能力,则是在各大投放平台上进行推广的最有力武器。

同时,运营要对自身作品与目标群体的需求有足够充分的了解,这是进行有效推广的最基本要求。抓住不同平台用户的不同特点,结合用户画像给用户量身打造,最大限度吸引"粉丝"。

（7）商务。

商务主要负责广告植入等商务谈判和衍生品的规划和变现。

第 5 章 "

前期准备工作

拍摄一个短视频，前期需要做很多准备，就像一部电影和电视剧的制作，需要经过策划、剧本和选角等多个环节，最终才能开始拍摄。

短视频的前期拍摄准备，和电影或者电视剧相比，相对简单一些，重点是做好短视频的运营工作。

5.1 提前做好账号运营

短视频运营也负责前期打造账号，打造账号并不是短视频制作完成后才开始的。

打造短视频账号，必须了解短视频的定位、内容、标题和平台四个要素。

（1）清晰定位。

正确的方向比努力更重要。如果开始选错了方向，那么无论多么努力也无法到达终点。因此制作短视频一定要清楚题材的选择方向，也就是定位。

开始做一个短视频账号前，要弄清楚自己的内容是哪个方面的，美妆、段子还是电竞？短视频账号要明确自己的定位，确立好自己的方向，给自己的短视频打上一个标签，然后从一而终。只有这样做，才能吸引粉丝，增强粉丝黏性，将账号打造成为同类别中具有影响力的 IP。

做内容最忌讳的就是定位模糊，既做美妆又做美食，反复变换内容方向。这样做不仅无法吸引粉丝，平台也不会给予推广。

短视频创作者一定要有自己鲜明的风格特点，找准定位，才能收获粉丝。

根据专业人士预测，今后的短视频平台，在内容审核方面会比较侧重人工审核。所以，账号定位清晰，内容健康正能量，比较容易通过平台审核，平台的机器算法也容易把这类视频推荐给相关用户。

（2）精良内容。

一个好的短视频账号，必定有大量的精良内容。

内容制作要注意三个要素，即与用户的关联性、与账号定位相结合和健康向上。

目前娱乐明星、两性和社会热点等话题，比较能引发用户共鸣。这些都可以成为短视频素材来源。只要视频内容积极向上，符合账号定位，审核上基本没有问题。

视频上传并被成功推荐后，可以将已上传的短视频分享给微信好友或者QQ好友，让他们空闲的时候点击播放，并给予点赞、评论和关注，这都是很好的提高推荐量和阅读量的方法。

如果短视频创作者有设备，会拍摄，那么最好做纯原创内容。

如果不具备专业条件，就需要靠半原创了。

现在省时省力又有高推荐的短视频类型，多数是对口型的视频和影视剪辑。尤其是剪辑类的视频，操作易上手，同时受用户欢迎。

比如时下热播的影视剧合辑等剪辑类的短视频，比较容易获得平台推荐。只要在原视频的基础上稍微加工，一个半原创短视频就能轻松制作出来。剪辑素材的来源渠道有很多，但是国内的"梗"大家几乎都看过了，流量平平，除非刚好符合社会热点趋势才会有大流量。

因此，想要获得巨大流量，还需要在半原创的基础上，增加自己的创意，想些新的"梗"。

不要以为会制作、剪辑视频就可以了，还要多了解用户的需求，掌握用户的心理，这样才可以博得用户的关注。

（3）"吸睛"标题。

除了要有好的视频素材，标题也很重要。标题要达到吸引人的目的，一定要具备三大要素，即用户相关性、独特性和悬疑性。

在标题的三大要素中，用户的相关性是必需的，而独特性和悬疑性决定了视频播放量的大小。

视频内容要在标题中有所显现，不需要全部展示出来，要给用户留点悬念。用户会根据标题先入为主，在视频里寻找标题包含的内容，这样播放时长和播放完成率自然就高了。

要注意的是，标题一定要与内容相关联。视频内容创作者起了个很好的标题后，一定要注意标题和内容是否有关联性，如果没有关联性，容易被系统判定为"标题党"，导致降权或者封号。

另外，视频封面要吸引人，让用户看到封面就想点进去看个究竟。千万不要为了吸引眼球，用不相关的图片做封面，这样会被直接封号。

（4）熟悉平台。

平台也是在不断升级完善的，如果想做短视频并从中盈利，就要摸透平台规则，这样才能获得平台的更多推荐。

在上传视频时要注意违规视频不能触碰。就算靠违规视频得到了流量，被平台检测到了，依旧会有封号的危险，最后得不偿失。同时要注意用户体验。

5.2 提前做好内容运营

视频内容运营并不是指制定短视频拍摄内容或制定短视频剧情，而是指在短视频中植入一些要素，增加用户好感，引导用户关注和点赞。比如视频开头的 SLOGAN（个人标语），结尾的求关注、求转发等。

内容运营是短视频的另一个关键点，很多短视频创作者没有策划内容的习惯，更不会制定视频框架。许多短视频一开始就直奔主题，直到视频结束。虽然内容呈现完整了，但用户看完就忘，不会关注和点赞，更不会转发。

所以，内容运营是非常重要的。那么，具体要怎么做呢？方法有以下三点。

（1）开头引导设计。

视频的开头非常重要，必须一开始就吸引眼球。最常见的开头方式就是抛出 SLOGAN，紧接着分析痛点。例如"嗨，大家好，我是瘦身达人小粉，你是否因肥胖而烦恼？快跟我一起，学习三招，月瘦十斤吧！"像这样的开头，能率先抓住用户眼球。

视频只是企业或个人与目标粉丝的沟通工具。沟通时必须在最短的时间内吸引住对方，对方才会有想进一步了解视频内容的意愿。

视频开头前 3 ～ 8 秒的内容最重要，必须在这段时间吸引住用户，否则用户会关闭当前视频，转身去看其它的视频。

不要一上来就进入剧情，要先分析用户的问题和痛苦，这样就能立刻引发用户的共鸣，觉得这个视频能够帮助到自己，就会有兴趣看下去。

（2）制定内容框架。

如果短视频只是单纯堆砌画面，没有一个清晰的逻辑框架，用户很难观看下去。

制作短视频必须把视频逻辑化、列表化和步骤化。这样团队在做短视频的时候很轻松，用户也容易学习与理解视频内容。

保证抓住用户眼球之后，要列一个内容框架，比如这个视频可以分为几个部分，第一步做什么、第二步做什么、第三步做什么，都要列出来。框架做好后，脚本编剧根据这个框架来写内容就会相对容易。

短视频内容策划就是把主题进行分解，变成几个小步骤，然后再根据每个小步骤策划内容。

（3）结尾行动号召。

账号运营的最后一步是行动号召。用户在看完视频之后，是不会有所行动的，他们只会迅速观看下一个视频。所以，视频创作者想要获得关注、点赞和转发，就要清晰地告诉用户他们需要做什么。

许多视频作者在做行动号召时犯的错误，就是在视频结尾处放置一些个人信息。

有些人会写"互联网营销实战专家，在过去的 15 年里服务过 100 家企业，让企业业绩增长 10 倍！如果您想了解更多信息，您可以点个关注。"

要注意一点，没有人在乎你是谁或者你做了什么。他们唯一关心的是，你能为他们解决什么问题，提供什么价值。

可以把上面的行动号召修改成"你是否遇到客户难找，销量下滑等问题？点个关注，学习在 7 天之内轻松获取 2000+ 精准客户的秘诀。"

这才是用户希望看到的内容，他们不在乎你是谁，他们只是想让自己的问题得到解决。

行动召唤的简单蓝图主要包括三点，一是提醒他们的痛苦；二是给他们一个平台；三是告诉他们行动后会得到什么。

这样做行动号召，相信你的短视频点击率、关注率和转发率都会有所提升。

5.3 提前做好短视频脚本

短视频最大的特点就在于短，将主题浓缩在一小段时间内，既保证主题鲜明又保证内容精简。因此在策划短视频时，大多数创作者都会选择用脚本进行最初的规划。

（1）脚本的特色。

短视频脚本的特色是简单、直接、应对自如、快速引发转化以及达到变现目的。

脚本可分为拍摄提纲、分镜头脚本和文学脚本三种类型，每种类型所使用的短视频类型也各有不同。

不同行业的脚本侧重点不同，应根据行业特点和客户要求灵活变化。比如科技类产品用词简练现代，充满时代感；建材类产品画面痛点明显、优势鲜明；中医药类产品用语充满历史厚重感等。

脚本和剧本是短视频策划中的两种不同表现方法，虽然表现存在差异，但它们都是为了服务视频剧情而存在的。脚本侧重于整体方向，相当于主线。

短视频所追求的效果，是一眼看见、一眼能看懂和一眼下决策。因此，使用脚本能更快达到目的。

（2）脚本的节奏。

制作短视频要有节奏感，才能让受众在观看视频时感觉更流畅、更有层次感。短视频的节奏感，分为内部节奏和外部节奏两部分。

① 内部节奏。

内部节奏：由情节发展的内部联系、人物内心的情绪起伏和创作者的思绪波澜而产生的节奏，还包括顺应用户欣赏的情感接受节奏。这些是剪辑人员的经验以及对整体策划把握能力的体现，不仅体现在技术上，还体现在思想上。

在后期剪辑的过程中，要特别注意剪辑节奏。首先要剪掉拍摄过程中产生的一些没用镜头，再对超出时间期限的镜头进行剪辑。

剪辑过程中可以利用一些特殊技巧体现时间的变化。比如快动作是常用的一种剪辑技巧，可以让用户在短时间内熟知操作的全部过程；同时，这样的操作效果会让人有一种在看神奇的魔术的感觉。

同时，要注意选配的音乐最好节奏轻快，更贴近生活。

② 外部节奏。

外部节奏：画面上一切主体的运动，以及因镜头转换的速度而产生的节奏，也就是用户可以直接感受到的节奏形态，比如画面转换节奏、解说词快慢节奏和音乐旋律节奏等。这些节奏形态有机地交融在一起，构成了作品的外部节奏。

后期剪辑人员要把握好短视频的外部节奏，使其互相交融、互相衬托，从而带给人舒适感。

短视频制作分为内、外两种节奏形式，在制作视频时两者也是交融在一起的。内部节奏以外部节奏为表现形式，外部节奏以内部节奏为依据，两者平衡才能节奏分明。

短视频制作把握好节奏，呈现效果才会更好，才会更吸引用户。

（3）脚本的配乐。

短视频配乐是一件令人头疼的事情，它没有固定的公式或模式，大多只能凭借主观意识去选择音乐。由于人们偏好的音乐风格不同，短视频成片后的效果也是完全不同的。

合适的背景音乐能增强短视频画面传递出的感情，还能让视频更有代入感，调动起用户的情绪，满足用户视觉与听觉的享受。

要选择和视频成片相匹配的背景音乐，需要短视频配乐者掌握足够丰富的音乐素材，才能挑选出符合成片风格的音乐。

第6章 ""

短视频拍摄

短视频虽然在播放时间上比较短，但在内容上依旧需要创作者把握细节，具体到每一秒、每一帧。

创作者不仅要掌握具体的短视频拍摄思路，还要掌握其中的营销体系、拍摄要点、拍摄技巧与注意事项。

6.1 "三重"短视频拍摄思路

掌握短视频拍摄思路"三重",让短视频内容更丰富,更容易打动用户。

(1)重细节。

内容深度垂直,细节决定成败。

短视频的拍摄由定位开始,需要注意内容深度垂直。创作者需要对情景、人物和肢体等方方面面的细节做微妙处理,使之贴近生活,让用户产生联想,进而产生共鸣。

(2)重情感。

融入价值情感,让其具有深意。

处理好短视频内容的情感表达,更容易引起用户共鸣。

加深短视频内容包含的情感,要注意三个方面,情节合理安排、形式生动有趣和注重打造细节。短视频内容的情感处理还要瞄准恰当的用户群体,合理利用用户心理,合理安排广告内容。

(3)重新意。

创新布置内容场景,巧避用户审美疲劳。

短视频内容的场景十分复杂,一个大场景由多个小场景构成。大场景起到统领作用，奠定整个短视频的主基调，而小场景则是闪光点。

每一个被细分出来的小场景，在制作时都可以进行创新设计，越细分的小场景越容易让用户产生共鸣。创新内容包括三部分，受众群体的动态变化、大场景与小场景以及主要场景与次要场景。

6.2 "五动"短视频营销体系

好商汇在短视频内容创作时秉持着触动、打动、心动、激动和行动的原则，统称为"五动"原则。他们的宗旨是定制原创短视频，品牌触达用户，产生共鸣。

"五动"原则的具体内容包括以下几部分。

（1）5s——触动。

5s（5秒）短视频营销，触动目标客户，主要解决如何吸引客户注意的问题。

如何吸引客户的注意力，让客户产生兴趣，是短视频营销最难解决的问题。市场上出现了很多帮助品牌用户量身定制短视频的公司，可以实现提高企业知名度、树立企业形象等目的。

好商汇为企业定制的5s短视频短小精悍，可随时随地点击并传播。实现在碎片化时间里最快抢占用户眼球，继而让用户对你产生兴趣，进一步了解你，从而实现从0到1的突破，迈出成交的第一步。

（2）15s——打动。

15s（15秒）短视频营销打动客户，让对方成为意识用户。这段时间也可以称为"黄金洗脑"时间段。

15s主要攻克受众的碎片化时间。通过15s短视频传播，能最大限度地借助微信朋友圈等自媒体进行传播、转发，实现快速裂变，达到病毒式传播的效果；激发投资者的创业兴趣，挖掘更多潜在用户人群；实现无缝传播营销，让流量自动变现。

（3）90s——心动。

90s（90秒）短视频营销让客户心动，成为兴趣客户。这段时间主要解决如何快速为项目（品牌）渲染的问题。

90s短视频营销的优势是能在短时间内为兴趣客户做进一步信息传播，快速向客户推送企业信息和项目信息，使客户对企业和项目有大致了解，进而为话务做好下一步的邀约准备。

短视频转化效果越强，客户筛选越精准。这一步的主要目的，是为话务邀约做铺垫，为成交埋伏笔。

（4）180s——激动。

180s（180秒）短视频营销让客户激动，成为意向客户。这段时间主要解决如何令客户产生合作意向的问题。

在了解企业基本情况后，客户的合作意向越来越明确，企业需要趁热打铁紧跟客户。通过180s短视频营销，强调项目合作优势及企业实力，能够进一步解决客户疑虑，从而加深客户成交意向，成单自然顺理成章。通过强有力的信息反馈，让客户自动上门。

（5）300s——行动。

300s（300秒）短视频营销让客户行动，成为签约客户。这段时间主要解决如何让客户主动握手成交的问题。

300s短视频营销，通过对企业、项目和品牌进行全方位的优势介绍和扶持说明，放大企业荣誉实力，进一步强调了企业在同行中的竞争力。让话务无须大费时间和精力，就能搞定意向客户；让客户消除疑虑，放心跟你成交；让客户听你懂你，更要为你的品牌代言。

时长	作用	大众人群选择	潜在客户
5秒	主要解决：如何让客户注意你 突破从0到1，迈出成交第一步！	触动	目标客户
15秒	主要攻克：受众的碎片化时间 无缝传播营销，让流量自动变现！	打动	意识客户
90秒	主要解决：如何快速为项目（品牌）渲染 为话务邀约做铺垫，为成交埋伏笔	心动	兴趣客户
180秒 （3分钟）	主要攻克：如何令客户产生合作意向 强有力的信息反馈，让客户自动上门！	激动	意向客户
300秒 （5分钟）	主要解决：如何让客户主动握手成交 让客户听你懂你，更为你的品牌代言！	行动	签约客户

图6-1 好商汇"五动"营销体系图

"五动"短视频营销是基于竖屏思维下的移动广告营销，需要在手机端与用户进行互动，借助百度信息流、微信朋友圈、微博和腾讯视频等主流媒体平台，导入更多精准流量。同时注重信息流和视频流，使营销效果达到最大化，详见上图6-1。

"五动"短视频营销能够让用户落地体验提升50%，互动率提升30%，让用户一眼就看见、一眼能看懂、一眼下决策！

6.3 十二项关键性拍摄要点

好商汇总结了短视频拍摄要注意以下十二项关键性拍摄要点。

便捷：从短视频的特点来看，其制作周期不宜太长。内容要精练，分镜切换不需要太多。

主题：要有一个明确表达需求的主题，最好贴近当下的热点话题，这样更能吸引用户，提升点击率和完播率。

剧情：要有相对完整且精彩的剧情，不宜太过"狗血"或俗套。根据自身定位和主题,拍摄与之相符的剧情,使得短视频的完整度更高,观感更好。

镜头：要有合乎大众审美、具备基本美感的镜头，根据不同的表达需要呈现不同的画面。

演员：要有基本的表现和表达能力，表现力强的演员本身就是一个IP。

场景：一个符合剧情、与主题相契合的场景，能让用户更好地关注视频。

道具：相应的道具使演员更好地表演，使用户更直观地了解视频表达的内容，理解视频的意思。

音乐：合适的音乐能更好地把用户带入到视频剧情中。

字幕：开头有大标题，后面有对应字幕，能帮助用户更好地观看视频。

吸睛：段子类要有好的段子，教程类要有干货，直播类要有帅哥美女。每个类型的短视频都有一个对应的吸睛点，才能吸引用户。

首帧：视频开头 7 秒的内容要成功吸引客户注意，首帧画面要吸引客户点击播放。

手法：运用"远景＋近景"的视频构图，结合转场特效表现效果。

图 6-2 短视频拍摄场景

第7章 ❞

竖屏创新

手机按照人们的持物习惯，被设计成了竖屏的形式。

人们透过手机所看到的世界，大多数是竖屏模式的世界。因此拍摄短视频一定要考虑手机呈现出来的竖屏效果。

传统的视频为横屏模式，竖屏视频是一种新的模式。

竖屏视频有一些需要解决的问题、特殊的拍摄技巧和注意事项，需要短视频创作者认真对待。

7.1 竖屏短视频的现状与困境

和许多新生事物一样，竖屏短视频也会遭遇一些问题，主要有以下几个方面。

（1）人眼视野问题。

生物学认为人的眼睛是横向生长的，垂直视野没有水平视野开阔；人的眼睛更容易水平移动，看世界的角度以横向方式更舒适；甚至还有人认为竖屏短视频的画面空间很容易被一两个主体填满，造成眼睛不适。

因此，很多竖屏抵制者认为人们生活在一个横向的世界，看横屏视频才是最佳的选择，而竖屏视频是对横屏审美的挑衅。

可见，竖屏模式作为新产物，需要人们用很长的时间去适应。

（2）播放器兼容问题。

目前，主流播放器都使用横屏播放器播放，包括电影、电视和电脑等，而它们也正是手机视频片源的主要来源。

手机播放器开始时也延续了这一传统，采用了横屏播放器。

竖屏模式产生后，就出现了与传统播放器不兼容的现象，产生了视频被严重压缩、影像被缩小和存在巨幅黑边等系列问题。

（3）竖屏短视频制作问题。

很多视频机构正在尝试竖屏视频创作技术。

例如有的机构直接采用侧转摄像机来拍摄，但这样会因重心偏移而导致机身倾斜，产生器材防护安全问题，也会因拍摄方向的改变让摄像机取景范围发生变化。

还有的机构则是先采用传统方式拍摄，然后通过后期裁剪使其变为竖屏模式，这样做也存在一些问题。横屏直接被剪成竖屏，不但费力，还会丢失很多关键信息。让主体干巴巴地位于画面中心，缺乏前后景和景深等的映衬，这也正是很多反竖屏者所诟病的地方。很多人认为竖屏拍摄是一种无用的门外汉摄像方式。

（4）垂直框架叙事问题。

竖屏短视频创作者面临一个巨大的挑战，那就是如何在垂直框架中完成叙事。

由于竖屏画面视野狭长，中心画面只能展现简单、少数的主体对象和微观场面，不能像横屏那样展现开阔的视野、纵深的层次感和广泛的主体对象等宏观场面。

竖屏视频也无法关注水平运动的叙事，比如车流、追车和运动比赛等快速平移物体，用户通过竖屏观看快速平移的镜头时，会有不适感。

可见竖屏模式在垂直框架上的构图和叙事方面，存在诸多局限。

竖屏创作者要想有所作为，必须打破传统的叙事思维，构建全新的竖屏构图和叙事理论体系。这需要很大的勇气和毅力，持续的坚持。

（5）横向视野过窄问题。

屏幕变短之后，字幕被分成几行，读起来更麻烦。

由于横向视野过窄，横屏可以实现的宏大场景，在竖屏里难以得到体现。

（6）现实操作困难。

拍摄、剪辑竖屏短视频时会遇到许多问题。

目前大多数的拍摄、剪辑工具，设定的参数都以横屏为依据，所以横屏视频可以一键完成。而竖屏视频就要进行重新优化，所有参数都要调整。谁能率先突破这些瓶颈，谁就能从行业中脱颖而出。

想要突破上述这些瓶颈，以个人的力量可能很难实现。一个企业或者一个团队深耕竖屏短视频，则更容易成功。

7.2 竖屏短视频的突破路径

竖屏短视频的拍摄虽然困难很多，但依然是未来视频行业的主要趋势。

我们可以通过以下几个方面，突破这些困难。

（1）改造升级竖屏制作设备。

传统拍摄设备与竖屏短视频拍摄的不匹配，是短视频创作者首先需要解决的问题。竖屏摄制硬件和软件的升级与改造亟待突破，这个问题可以从以下三个方面着手。

① 在硬件方面，加快研发和创新竖屏摄像机，改造升级固定竖置摄像机云台，全面提升相关硬件设备。

② 在软件方面，全面优化升级软件设备参数，使其更加适合手机竖屏设计和展示，为手机用户带来更舒适的观看体验。国外的 YouTube 和国内的快手、抖音等视频 App，都在进行技术革新。

③ 业界联合起来共同探讨交流，制定行业新标准。澳大利亚就曾创新性地联合举办过"竖屏电影节"，促进了竖屏产业的发展。

（2）构建竖屏叙事逻辑。

叙事框架的不同使得不同模式的视频呈现的重点也不同。竖屏短视频创作者要扬长避短，重新构建叙事逻辑，充分展现竖屏模式优势。

① 在主体对象呈现上，竖屏模式更适合呈现简单的场面和特定的对象，而拙于表现复杂的人物关系；擅长运用微观细节的放大来带动用户情绪，却无法展现纵深感强和层次感丰富的宏观画面。

② 创作者要充分利用竖屏镜头的特性来选择和展现主题题材。比如多采用树木、高楼等竖长物体的镜头构图，尽量避免拍摄迅速平移的水平运动物体。

③ 竖屏的叙事框架要求创作者打破传统的横屏创作思维，构建全新的竖屏叙事逻辑。这需要创作者在技术水平、思维逻辑和创新能力等素养上更上一层楼，要大胆尝试，突破藩篱，不断革新。

（3）聚焦融媒体竖屏短视频开发。

目前竖屏短视频的类型还比较单一，大多为搞笑娱乐型，还不能满足融媒体时代手机用户对节目的多元化观看需求。这促使各媒体机构在竖屏视频这片新田园中积极耕耘，努力开发出各种竖屏短视频节目新模式。

首先，主流媒体应积极探索如何利用竖屏模式快速发布和传播短视频新闻。比如国内的新华社、央视新闻等主流媒体，国外的CNN、国家地理频道和NBC等媒体和电台，都在尝试运用竖屏模式转换或者打造全新的竖屏节目，探索竖屏短视频与自身内容的有机结合，给受众以全新的融媒体产品体验。

在新闻资讯的呈现上，竖屏短视频具有鲜明特色：它可以更加突出新闻人物的主体形象，让新闻亮点更加简单明了，画面信息更加一目了然，新闻事件传播更加快速广泛，舆论价值宣传更加高效易懂。可以预见，未来在竖屏模式新闻的价值开采上将大有可为。

其次，访谈类节目也可以尝试运用竖屏短视频模式。比如腾讯就专门针对手机用户，设计了《和陌生人说话》竖屏构图人物采访节目。

竖屏短视频访谈节目能够通过肖像式构图突出人物中心位置，放大人物细微的神态表情，烘托出完整的情感氛围，将面对面的人物采访效果发挥到极致。

最后，还可以尝试其他不同类别的竖屏节目。比如竖屏音乐电视节目、竖屏MV等，再借助社交媒体的东风，能够收到更多的关注量和转发量，让传播更加广泛。

（4）加大竖屏广告投放和创收。

目前，广告主对竖屏广告的市场投放量已经猛增，竖屏广告的播放完成率也比横屏广告多好几倍，用户的反馈体验也非常好。

一是竖屏广告可以无差别地衔接进用户的视频信息流中，顺其自然地增加了广告播放量；二是竖屏广告的表达方式生动有趣，更能展现出品牌的个性化营销和创意。

如：抖音式的广告剪辑就非常适合网络文化风格，让用户和品牌的沟通更具吸引力；通过用户喜好锁定目标用户，匹配度高，创收盈利转化率也高。可以说竖屏广告已经势不可当。

（5）促进横屏、竖屏短视频共同发展。

横屏模式根深蒂固，竖屏模式全新发展，两者之间并不是谁取代谁的关系，而是有机结合、相互促进、共同发展的关系。

横屏依然是人们喜爱的影视观看模式，竖屏短视频也是网络用户偏爱的新互动分享模式，二者各有千秋。

短视频创作者应该充分尊重用户的观看需求和观看选择，让横屏、竖屏短视频实现优势互补，努力促进视频产业发展，为广大用户带来更舒适的观看体验。

7.3 竖屏短视频的拍摄技巧

有一些实用技巧，可以让短视频拍摄呈现出更好的效果。

（1）构图取景。

短视频的拍摄手法与传统的拍摄手法，也就是电影级画面取景技法，有着异曲同工之妙。短视频是竖画幅尺寸，主要突出画面狭长美。

想要使短视频画面具有更高级的美感和整体的灵活性，除了要注意选取好视频拍摄主体本身外，拍摄者还需要学会光线构图。

提高选择光线的技能，是提升视频画质的关键。要将视频画面中的事物放在光线最佳的位置，使其具有更好的视觉冲击效果，营造拍摄最佳氛围。

顺光构图：光线投射方向与镜头一致，展示主体细节和色彩，如图 7-1 所示。

图 7-1 顺光构图示例

侧光构图：光源照射方向与拍摄方向呈直角，展示主体立体感和空间感，如图7-2所示。

图7-2 侧光构图示例

逆光构图：主体正好处于光源和手机之间，实现剪影效果，如图7-3所示。

图7-3 逆光构图示例

顶光构图：头顶有直接照射到主体身上的光线，让主体更明亮，如图7-4所示。

图 7-4 顶光构图示例

微距构图：特殊构图的一种，主要用于拍摄独特视频画面。微距构图能拉近用户与物品之间的距离，常用于餐饮类对象，以突击产品亮点，用微距特写刺激用户欲望；也常用于个别类目的产品特写。

质感构图：将视频主体的细节质感放大，以便更直观地查看。质感构图取景的技巧，通常用于餐饮、创意小视频的短视频拍摄中。

（2）角度把控。

俯拍：主体所在平面与拍摄者所在平面形成一个相对的夹角。俯拍构图拍摄地点的高度越高，画面角度就越大，画面就越有纵深感和层次感。俯拍有利于记录全面的场景，表现宏伟的气势，通常用于展现企业实力、面积布局。

由于横向视野的减少，拍摄大场面全景时，可采取摇镜头、移动拍摄等方式表现，特定情况下可跟随模特移动以表现环境。俯拍角度的变化，能为用户带来不一样的感受。俯拍的拍摄技巧，通常用于实体规模较大的企业或工程的短视频拍摄，如图 7-5 所示。

图 7-5 大场面全景示例

广角：手机镜头多为广角，边缘拉伸效果较为明显。比如拍摄模特的全身照时，利用广角这一特性，采取低机位轻微仰拍，模特的脚部放在接近画面底部的位置，头部上方尽量留一些空间，避免模特被拉伸变形，或形成压迫感，画面下方的变形能使腿部拉伸达到大长腿的效果，如图 7-6 所示。广角的拍摄技巧，通常用于企业抖音号宣传的创意拍摄。

图 7-6 广角镜头示例

（3）远近有度。

就拍摄距离而言，主体要有远近感，越远越有距离感。拍摄时需完美把控主体的距离，当然，近也要有个限度。

竖屏拍摄模式下，横向视野变窄，纵向视野变大，在构图方面要注意上下空间的元素分布，场景布置也尽量以上、下结构或远、近结构摆放，还要灵活运用变焦功能。

在拍摄模特近景时，可将手机镜头放置在高于模特头部水平线上的一点，轻微俯拍，以达到瘦脸效果。特殊情况下，机位可以再升高，适当靠近模特头部，脸部达到一定程度的拉伸，可以得到可爱、活泼的特殊效果，如图 7-7 所示。

图 7-7 模特近景示例

竖屏拍摄模式下，环境占比减少，人物占比增大，适宜拍摄单人或双人等突出主体的镜头。拍摄群像时，传统的人物排位不再适用。竖屏拍摄群像时，可适当采取前后站位，镜头轻微向下俯拍。远、进有度的拍摄技巧，通常用在演讲或会议中对人物的拍摄可以增强亲近感，给人一对一的感觉。

图 7-8 门店场景示例

（4）层次分明。

层次分明指采用前景装饰加强视频画面强烈的纵深感及层次感，丰富画面内容，使之鲜活饱满，比如可以用字幕、特效贴纸和前景装饰等。层次分明的拍摄技巧，通常用于对小物体的近景拍摄，如图 7-9 所示。

图 7-9 前景装饰示例

（5）不留黑影。

竖屏画面千万不要留黑影，要让观感更舒适，如图 7-10 所示。不受非全屏的影响，需要做到以下两点。

① 画面最好充分占满整个手机屏幕，让主体足够大，清晰可见。

② 字幕停留时长需要把握节奏，符合人们正常观看时长。

图 7-10 竖屏画面不留黑影更舒适

（6）精剪细做。

短视频拍摄完毕后，就进入挑选素材和剪辑的阶段。要做到剪辑精致化、细致化需要在以下 7 个方面花功夫。

① 切换。

画面转换的方式要紧凑、有序、干净和利落，要做到帧帧都能抓住用户眼球。

图 7-11 画面转换示例

② 字体。

根据视频风格选择字体。视频风格若想轻松可选择俏皮活泼一点的字体；视频风格若想正式，则选择正式大气的字体，一般用微软雅黑和黑体；视频风格若想古风，则可选择书写体，如图7-12所示。

图 7-12 字体示例

③ 字幕。

竖屏应尽量凸显字幕。大字幕能给人更直观的视觉刺激。需要强调的重点字可比其他字符更大、更显眼一些，如图7-13所示。

图 7-13 字幕示例

④ 字号和颜色。

字号应达到醒目、一目了然的效果，颜色尽量饱满清晰，不要和背景融在一起，如图 7-14 所示。

图 7-14 字号和颜色示例

⑤ 字幕位置。

字幕应放在不遮挡画面主体的位置，一般为中下，如图 7-15 所示。

图 7-15 字幕位置示例

⑥ 字幕效果。

做字幕效果时，适当增加一些动态效果更能吸引用户眼球，如图 7-16 所示。

图 7-16 字幕效果示例

⑦ 特效和贴纸。

视频剪辑的后期可以根据短视频的内容适当加入一些特效或贴纸，让画面更加生动、有趣，带给用户观感上的愉悦，如图 7-17 所示。

图 7-17 特效贴纸示例

7.4 竖屏拍摄时的注意事项

竖屏拍摄要注意以下三点。

（1）特写。

在竖屏短视频中，特写的重要性大于全景。

对招商项目突出产品（项目）卖点、优势和痛点，用特写表现，其效果远远好于近景、中景和全景。运用特写，用户体验感会被拉近，有面对面、一对一的感觉。简单概括就是前文所提到的"离陌生人更近，增强交流感"。

（2）远景。

在招商项目中，远景的拍摄多半用于凸显企业实力。

一个远景全镜头可以让用户了解企业的规模等各方面信息，显得企业更大气、更有格调。画面时间不需要多，5 秒以内即可。

（3）拍摄手法。

招商用的竖屏短视频，其拍摄手法与传统电影和电视剧不同，与目前常见的短视频也不同。

① 简洁明了的拍摄手法，不局限于景别，足够随机、灵动。

② 视觉效果上，更具冲击感，在色调、色彩、构图和最终的画面感上，更容易达到宣传的目的。

③ 根据制作的精良程度选择不同的器材。可以用专业器材拍摄。即便只用手机拍摄，短视频也能拍出传统影视作品的效果。

④ 针对不同的视频类型可有不同的拍摄手法。

第8章 ''

短视频用户运营

判断一个短视频节目的市场价值，除了要考察基于播放量评估出的曝光能力，还要考察互动度显现的影响力以及受欢迎程度。

用户对短视频的认可程度直接体现在转发量、评论量和点赞量上。

短视频的评论有清晰的文本，可获取到明确的观点。

评论量的含金量比其他的互动数据高，已成为衡量短视频效果好坏最重要的指标之一。

8.1 用户调查是基础

对准备踏入短视频领域的创业者，或者是刚刚踏入这一行的新人来说，做好用户调查是创作的基础。用户群体的需求决定了视频内容的方向。

同理，除了要确定短视频的内容方向，还需要了解主流群体的"痛点"。如果内容创作者想做面向年轻男性群体的内容，就需要研究他们平常会关注的内容类型，比如体育、新闻和汽车等。

对这个阶段的创作者来说，应该如何获取用户数据呢？

除了查看一些行业研究报告之外，最简单、最直观的方法，就是观察研究这个领域的前沿数据。通过研究时尚美妆领域的前沿数据发现，时尚美妆类内容的受众主要是 18 ~ 24 岁的年轻群体，其中女性粉丝占比高达 80%，晚上 8 ~ 12 点是她们比较活跃的时间。

除了女性用户，面向男性用户的美妆类红人也正在崛起，例如抖音头部美妆红人"黑马小明"，他的男性粉丝占比突破了 60%。对准备踏入美妆领域的人来说，男性美妆这片潜在市场，可发挥的空间还很大。

对某个领域的前沿用户数据进行观察分析，不仅可以找准某类内容的用户定位，进一步了解用户属性，明确内容创作方向，还可以通过用户数据对比，找到该领域的内容细分市场。

8.2 用户需求是方向

迄今为止，绝大多数品牌和营销号的短视频运营情况并不理想，很多都无人问津。

主要原因在于很多大品牌没有明确自身的内容调性，采用一种简单粗暴的做法，即有什么热点就追什么热点，期待打造一个爆款引流。

采用这类蹭热点的玩法，即使获得了短期的曝光流量，依然没有解决核心问题。只有解决最核心的问题，对用户来说才会产生价值，也更能吸引用户关注。

用户之所以对关注这一行为如此重视，着力于保持长期关系，绝不是偶然就能产生爆款，很大程度上是因为短视频创作者产出的内容能长期满足用户某种需求。当用户黏性达到一定程度，就会促进短视频的线变现。

用户对短视频的需求，一般是由以下五种动机触发的。

（1）消除负面情绪，追求快乐。

抖音之所以能让用户深陷其中无法自拔，很大程度上是因为它能持续满足用户追求快乐的需求。触发这种需求的往往是来源于生活中的负面情绪体验，即逃避痛苦。

回想一下你有多少次因为无聊、烦躁而打开抖音？

有时人们的这种行为是无意识且自动完成的，原因是主导人们情绪欲望的初级大脑掌握人类的直觉系统，趋利避害是初级大脑的本能反应。因此，如果用户判断出某个账号会持续满足他追求快乐的需求，就会触发其进行关注的行为。

如何做到持续满足用户追求快乐的需求呢？

我们可以通过打造清晰的"人设"定位去吸引粉丝。搞笑类的账号特别注重打造"人设"，因为当用户对演员形成固定的印象，用户会认为你能持续满足他这类需求，从而形成期待，然后会关注你。

这就好比员工对一个喜怒无常的领导不敢有任何期待，因为不知道领导下一秒会是什么情况。但员工会对一个赏罚分明的领导有期待，因为你知道领导接下来会怎么做。正因为有这种确定性，才能让人们形成期待。

例如：在抖音的"天天笑园"账号上，每个人物的角色塑造及其表演风格长期保持一致。

这种长期一致性"人设"的塑造，不仅让粉丝对演员形成期待感，而且有时候还会因为喜欢演员而认可内容。

同样是搞笑账号，如果在人物和表演形式上长期混搭，就会弱化粉丝对演员的期待感，对内容以及整体的演技要求更严格。对这种需要精湛演技和长期的优质内容才能支撑的抖音号来说，想要获得关注行为无疑困难了许多。

清晰的"人设"更容易给人们留下特定的印象，最终会对这个人所表达的一切按照"人设"固定的方向去联想。

比如某个喜剧演员去表演一个很严肃的角色，他的一举一动也有可能让人觉得很搞笑。正是因为有这种特定印象，粉丝对视频内容的要求反而更低。

（2）获取稀奇内容，满足好奇心。

抖音上除了占据一部分流量的搞笑类账号，还有一些流量不小的账号，会提供一些稀奇、新鲜的内容，来满足用户的好奇心。

一些以外国人为主角的抖音账号，里面的外国人普通话说得特别好，跟大众的一贯认知形成一种反差，特别容易引起关注。这些账号能吸引大量的粉丝，因为人们想知道生活在中国的外国人的所思所想。这些账号能够满足人们的这种好奇心，就能把一部分粉丝牢牢吸引住。

"地球村讲解员"抖音账号主要提供一些新奇、脑洞大的冷知识，满足人们的好奇心。这些冷知识不仅能满足人们的认知需求，还能给人们提供日常社交的谈资。

人们进行日常社交时寻找话题是一件很重要的事情。而这些脑洞大开的知识，不仅很容易成为你的谈资，还能让你有一种优越感。

一些旅行账号和极限挑战运动账号的视频能火，是因为它们能持续满足人们对外面世界探索的好奇心。

这类信息之所以能满足人们的好奇心，是因为它所呈现的内容跟日常生活中常见的现象不同。人的大脑对固定的事物并不敏感，而对变化的事物是非常敏感的。

比如标题为"马云再成首富"并不吸引人，但是换成"穷小子3年逆袭人生，成为新一任中国首富"这一标题就能成为热点。

如果你能持续提供这类信息来满足用户的好奇心，你就能触发用户对你产生关注行为。

（3）产生羡慕心理，学习参照。

抖音还有一类特别火的情感大号，就是"别人家的女朋友／男朋友"，这种人设的形象会让粉丝产生羡慕心理，继而会被粉丝作为一个参照物来学习其行为。

比如"小鹿式女友"就是通过塑造乖巧懂事的女孩子形象，来吸引人们的关注。

这类账号之所以能成功，是因为人天生就会通过参照模仿他人的行为来规范自身。特别是当自身渴望成为某个群体时，那个群体所表现出来的普遍行为会成为其学习的对象，从而，达到成为该群体一份子的目的。

渴望成为穿搭名人的人，会学习参照网络上穿搭名人的穿搭技能；渴望成为某个领域专家的人，会学习参照该领域专家的学习行为等。

而这种"别人家女朋友（男朋友）"就是很多人都渴望拥有一个理想男（女朋友）。因此这些人会通过关注这类账号来规范自身的行为。

单身的人会以此作为寻找另一半的标准，或者未来想成为这样的人。男人或女人会让自己的另一半来看，希望对方也能学习视频里主角的行为。

因此，如果短视频创业者能成功塑造出人们渴望成为的对象，就有可能吸引人们的关注。

具体该如何做呢？

内容创作者只需思考：什么群体是用户渴望成为，但成为不了的。

例如：近两年来，很多人都希望可以周游世界，所以不少人就通过塑造旅游达人的形象来吸引人们的大量关注。

（4）碎片化时间里，提升技能。

生活中人们会遇到各式各样的问题，这些问题的出现阻碍了我们完成某项任务。

以前人们无法提前判断一部电影质量的好坏，一些电影自媒体大V的出现解决了这个问题，他们提前帮助人们"踩雷"，起到了一个筛选影片质量的作用。

如果一个短视频能解决人们生活中的某项问题，让人们更好地完成某项任务，那么这个短视频就能吸引人们的关注。

一些主要传授 Excel 技巧、家居搭配和美食做法等工具化短视频账号，能帮人们更好地完成使用 Excel、家居搭配和做饭的任务，以此成功吸引人们关注。

这类账号最大的特点就是工具化，即人们容易因为其他的事情而想起它。

用户要解决一个 Excel 的问题，突然想起"Excel 办公教学"账号曾经解决过这个问题，他就会打开抖音看看这个账号是怎么做的。

工具化短视频账号与其他仅仅提供感官刺激的账号相比，生命周期更长久。因为无论那些仅提供感官刺激的短视频有多好看、多搞笑，迟早有一天人们也会"适应刺激"，最终产生审美疲劳。

工具化的短视频账号不是为了满足粉丝的情绪体验需要，而是可以帮助用户更好地完成某项任务的"工具"。

例如微信、支付宝不会让人产生疲劳，因为它们是帮助人更高效地完成社交和更便捷地完成支付的工具。

这类需求即使没有这类工具也是存在的。以前要解决 Excel 的某个问题或化个妆，用户会去百度搜索或请教朋友。现在因为这些账号的出现，用户就有了能更好完成任务的"工具"。

（5）借助心灵鸡汤，自我激励。

还有一种能引发用户关注动机内容的抖音账号，专门提供"鸡汤"视频。

时势造英雄，在这个快速变化的时代里，最不缺的就是一些跌宕起伏的个人成功案例。这些成功案例通过媒体渲染后鲜活生动地展示在大众面前，在刺激着人们去追求成功实现自我价值的同时，也让无数人对自身的现状感到焦虑。

而"鸡汤"内容，则提供给人们一种想要获得成功的积极思想。

在现实生活中，人们难免会遇到挫折，会感到迷茫和无助，产生一种生活已经脱离掌控的感觉，这种感觉会让人产生焦虑。而心灵鸡汤则让人觉得"现在之所以这样，是因为没做到这几点，做了我就能变得更好更成功"，从而让人有一种重新掌控生活的感觉。

这些心灵鸡汤可以让人获得心灵慰藉，暂时摆脱焦虑。而现代人的焦虑情绪每个月总会爆发几次。每当产生焦虑，人们需要用这种精神食粮来提高个人的控制感，吃了之后会有"重新获得了力量"的感觉。

想要吸引用户关注，不妨回答一些最基本的问题，用户为什么关注你？你能满足用户什么样的心理需求？用户关注你的动机是什么？

8.3 用户数据是关键

用户数据在指导内容创作度过萌芽期后，对创作的指导作用会进一步加大。此时创作者关注的不再是内容定位，而是如何利用用户数据指导内容创作和运营，提升用户对内容的喜爱度和互动意愿。

具体来说，创作者要做的就是分析用户数据中的用户兴趣，即他们还关注了哪些账号、他们喜欢看哪些内容，喜欢评论哪些内容等。深入研究这些数据，可以让创作者对用户有更深入的了解，更容易创作出用户喜爱的内容。

短视频行业内容迭代速度非常快，不仅有平台更新换代带来的外部挑战，还面临着内容更新换代的内部挑战。外部挑战需要创作者去积极适应新平台、新规则和新玩法。内部挑战则可以借助用户数据来平稳应对。

短视频创作者都知道，规律性、模式固定的内容很难长期取悦用户。即使是头部作者，如果内容长期不添加新元素或换新玩法，用户的注意力也很容易流失。

那么，应该如何借助用户数据进行内容迭代呢？

首先，发展到成熟期的账号，它的用户画像在初期可能已经产生了偏差。创作者应该重新认识内容的用户画像，并与之前的用户画像进行对比，进一步调查分析用户需求，对内容方向进行相应调整。

其次，创作者可以通过用户质量分析，以及与平台的点赞／评论分布、点赞／粉丝分布、评论／粉丝分布进行对比分析，找出运营上的不足。例如内容的互动度不够，需要加强对用户的互动引导；或者用户的活跃度较低，需要加强运营活动，调动用户积极参与。

此外，如果创作者准备做内容矩阵，还可以根据用户数据中的用户标签，找到内容的拓展方向。

8.4 环节设计是重点

环节设计对用户运营有着十分重要的作用，可以吸引粉丝、增加粉丝参与感以及增强粉丝黏性等，是用户运营的主要工作。环节设计工作主要有以下几个方面。

（1）用活动鼓励用户。

在运营前期需要做一些活动鼓励用户，引导用户积极地表达。

拿出一些成本来鼓励用户积极参与活动，在评论中表达自己的想法。可以提供与节目相关的特权，也可以是直接的物质奖励。

这种方法可以快速累积评论量，更重要的是可以通过评论内容来了解用户。分析用户需求后，可在之后的内容选题上选择与之相契合的传播点。目前很多节目都采用了这种做法，不过部分节目只是为了扩大曝光量，吸引新粉丝，没有过多引导用户的表达。

（2）加强用户参与感。

和用户打成一片，引导其自发生产内容，挑选优质内容集中展示，让用户成为内容的生产者之一。

当自己的作品被肯定、成为视频内容的一部分，用户的认同感得到满足，同时也能催生自豪感。

假如这个方向的互动如果做得好，评论量会增加，转发量也会有相应的提升。YouTube 上的一些创作者，曾在接广告前向粉丝征集创意。这样做除了能调动粉丝积极性，还能缓解用户对广告的不适感，一举两得。

（3）优化视频主题。

话题性强、主题鲜明的视频，流量很可观，被推荐的概率也更高。

人们热议的或者有分歧的话题、针锋相对的观点和一针见血的言辞，通常都能达到调动用户情绪的目的，使其更容易在评论区表达自己的观点。星座站队、美食的南北之争和新老育儿观念的碰撞等，都曾经是数据较好的视频题材。

（4）代入性话题引导倾诉。

代入性较强的话题能够引起用户强烈的共鸣，使其更容易通过视频内容联系到自身的经历，引发情绪波动。部分用户会选择在评论区将这种情绪宣泄出来，如果评论中也有相似经历的人，会感觉到被安慰。

相比正面情绪，人们更容易对负面情绪记忆犹新。有些用户选择把自己不悦的经历分享出来，鼓励其他正在经历这类事件的人。

这种做法强调了共鸣的力量，有利于提升用户的依赖性。当用户意识到有一个相似的集体在靠近自己时，会产生一些安全感，或许还想要融入该集体。

（5）视频内设互动。

创作者可以在节目中抛出问题，引导粉丝在评论中作答，在下次节目中公布答案；或者在视频尾部邀请粉丝留言，回答粉丝问题。

这些粉丝互动既可以激发用户的参与感，也能增强节目"人设"和粉丝之间的联系，对增强粉丝黏性很有帮助。

（6）投票互动。

大家可以在短视频中发起投票，比如"想不想看我做平板支撑，如果点赞数达到一百个，我就拼啦"，这样的投票互动既可以提高用户的参与感，又可以更好地了解用户兴趣。

（7）重视反馈。

短视频创作者可以在社交平台（如微博）尝试整理晒出优质评论，加强用户对节目或核心"人设"的兴趣。部分内容创作者在节目初期阶段会尽量回复每一条留言。用户发出的评论得到了创作者的反馈，意味着评论这个行为得到了肯定，这对培养用户互动的积极性非常有帮助。

（8）设计问答。

运营可以回复用户的评论，或者在下期节目中对用户评论进行整体答复，甚至可以在发展到一定阶段后，针对用户的问题单独做一个节目。这样做能够增加视频的评论量，拉近与用户的距离，提升用户的忠诚度，从而彰显视频的号召力。

（9）私聊"吸粉"。

除了以上几种方式，创作者还可以使用私聊来增加用户。私聊的前提是视频内容创作者要结合视频特色提供一些有吸引力的内容，引导用户发起私聊和关注。

同时，为避免不能及时回复用户，创作者最好在私聊里设置一些常见问题的自动回复。

（10）真人出镜。

在街访视频中，当人们提到一个节目首先想到的是有意思的回答和话筒，但它并不具有识别度。如果可以真人出镜，会大大增加视频内容的识别度，让用户记忆更加深刻。

第9章 ""

打造短视频 IP

打造短视频 IP 是目前短视频运营的一个核心工作。

打造 IP 的对象可以是短视频的出镜主播，也可以是短视频账号本身或短视频团队。

打造短视频 IP 有利于短视频的传播和变现，是非常重要的短视频运营手段。

在打造 IP 时有一些要点和条件，需要短视频创作者重点关注，运用好打造短视频 IP 的具体操作方法。

9.1 打造 IP 的好处

从个人角度看，成功打造个人 IP 后，这个人就被赋予了名人、大咖和明星等身份，背后拥有成千上万的狂热粉丝，以及粉丝们不容小觑的消费能力。

从某种意义上说，个人 IP 也代表某一个人在他所属的专业领域具有强大的影响力和超级流量。

比如在自媒体界，目前主要的顶级 IP 有罗振宇、吴晓波和 PAPI 酱等。这些自媒体人的 IP 本身具有的影响力和流量已经在这个圈里形成了超级光环效应，所以他们在自媒体界几乎是各自的 KOL（关键意见领袖），每个人都拥有超过千万的簇拥者。

从企业角度看，IP 就是刻意打造后的重量级品牌。这个品牌影响力之大，能辐射到全球，比如香奈儿、苹果等。

总的来说，打造 IP 有以下五点好处。

（1）更好的信用指数。

有了 IP，更容易获取别人的信任。商业交易的本质就是信任，没有 IP，要让别人信任你很难。

（2）更低的认识成本。

有了 IP，人们更容易对这个 IP 率先完成认知的过程。比如大家一看到马云,就知道他是谁、是做什么的、实力如何等,从而迅速建立信任,减少了中间的沟通成本。

没有 IP 的企业或个人,用户想去了解就需要花费更多时间、精力和金钱。

（3）更快速地变现。

有了 IP,用户就会对企业或个人产生信任。一旦解锁了用户的信任问题,变现就会变得很简单,卖任何东西都能实现更快速地变现。

IP 打造成功后,减少了很多的沟通和信任成本。如果企业或个人会打造 IP、做营销,每天会有源源不断的用户主动上门购买你的产品,这些人的黏度和信任度都非常高。

（4）更大的影响力。

一个好的 IP 的影响力范围是不受限制的,所到之处皆有一定的话语权。比如大家想找合作伙伴,会优先考虑有 IP 的企业或个人,很少选择没有影响力和话语权的企业或个人。

（5）更高的溢价输出。

同样的产品和服务,有 IP 的企业或个人可以卖得比别人贵,而且推广成本远低于无 IP 的企业或个人,这就意味着他们可以获取更多的利润。

互联网时代的竞争其实就是 IP 的竞争。企业家的个人 IP 运营得当,会从个人价值转化成企业品牌价值,而企业品牌价值慢慢凸显之后,又会反过来烘托个人价值。

由 IP 带来的商业变现其实就是粉丝经济，即把一个人的特点放大，在公众面前有了标识度，利用粉丝的拥护把它转换成商业利润。这是一种企业或个人的无形资产。

打造 IP 的好处非常明显，越来越多的人明白了打造 IP 的重要性，也加强了打造 IP 的工作。

在人人都想打造 IP 的今天，短视频内容市场出现了一个比较明显的变化趋势，产生了更多细分垂直类的内容 IP。

细分垂直类可以理解为某一个领域特定的类别。例如段子、唱歌和情感等内容是一个大范围，但在唱歌这个范围内，声乐练习就属于细分垂直类。

从需求端来看，全网的视频内容用户依然有着对细分垂直类内容的巨大需求。从全网来看，相较泛娱乐内容，垂直类内容还有很大的发展空间。

因此，可以引发用户深度思考的垂直类内容，以及一些相对严肃的知识类的垂直类内容，有可能在未来获得更强的生命力，比如招商加盟、历史科普和职业技能等。

9.2 打造 IP 的要点

短视频因其较高的性价比和传播效率，打造品牌的超强能力和获客能力已经经过了反复的验证。

那么在打造 IP 时，有哪些特别要注意的点呢？

（1）用户数量存在天花板。

用户数量有一个明显的特点就是存在天花板。不管短视频创作者做什么内容，所能获得的用户数量并不是无止境的。而做垂直细分类的内容，其用户数量天花板会更明显。

在策划和孵化一个垂直类短视频内容 IP 时，一定要提前做好市场容量和用户基数的调研，预估整个市场的目标用户总量，从而提前制定好包括获客方式和获客成本在内的最佳方案。对和此垂直类没有关系的用户，就不需要花费很多精力和成本去获取他们的关注。

（2）内容和用户存在强关联。

从用户的需求角度看，垂直类的内容天然带有非常强的关联性。

如果内容选题可以紧扣用户的垂直类需求和痛点，那么该内容在全网投放和传播后，就有可能通过平台的各种分发方式触达目标用户，从而精准地和自己的目标用户建立一对一的关联关系。

（3）人格化 IP 更容易被用户信任。

目前很多垂直类短视频内容领域，缺乏可以引领用户的 KOL（关键意见领袖）。而品牌最核心的价值，就是需要和用户建立密切联系，并建立深度的信任，进行情感层面的交流。没有比一个人格化的 IP 更符合这样的品牌调性需求了。

有核心的 KOL，不仅仅是指有一个固定的主讲人，还要求其整体的内容 IP 包装与运营策略要走人格化的路线。

9.3 打造 IP 的条件

每个团队都希望将 IP 快速孵化出来，这需要提前做好孵化过程的顶层设计。还需要评估自己团队所具备的孵化能力，需要补充和提升的板块。

（1）优秀的成本控制能力。

团队在孵化和打造短视频内容 IP 时，首先要做好成本控制。

那些不计成本、没有做好成本控制的创业团队，几乎很难支撑到 IP 孵化出来。

控制成本一方面需要提高团队的生产效率，优化人力投入的成本结构；另一方面需要寻找各种可以降低成本的手段。

例如对垂直类短视频内容，用户有刚性需求的领域，或者目前完全没有竞争对手的领域，可以适当降低内容生产的制作质量。

这些内容只要满足用户对垂直类内容信息获取的基本需求，就可以被用户使用和消费。因此关于节目包装、后期优化和节目形式的创意等，都可以排到其次。

换句话说，消费者和用户往往不会选择"最好"的产品，而是会选择"最合适"的产品。产品的质量和成本往往是成正比的。

找到一个平衡点，将用户需求和成本设计更好地结合在一起，是成本控制的一个诀窍。

在目前的短视频行业里，不乏来自内容行业之外的其他行业的创业人员。他们本身没有任何内容制作经验，但熟知互联网产品的孵化和运营模式，可以更清晰地看透短视频内容 IP 孵化的内在逻辑。

短视频产品归根到底是"FOR YOU"的内容生产方式，不是基于自我的艺术性表达。因此用户需求是短视频产品设计的唯一准则。

从这个角度出发，可以找到很多成本控制的方式方法。

从商业逻辑层面来看，一个项目能否成立，不断探索寻求更低生产成本的解决方案，才是其中的核心。如果生产成本一直居高不下，那么未来几乎没有盈利空间，更别谈对利润的追求了。

（2）高效的内容分发和用户触达能力。

高效的内容分发有两个层面的含义。

一是内容分发的广度，即可以覆盖到全网所有潜在的目标用户。这需要做多渠道、多平台的跨媒介类型的内容分发，同时要研究每个平台的渠道特点和不同的用户调性。

二是内容分发的精度，即如何在全网的各类渠道更加精简细分渠道，快速触达目标用户。

这里面还有一层含义经常被很多内容团队忽视，那就是内容生产的总量和内容上线的频率。

很多短视频内容 IP 都采用周播的方式。与日播类短视频内容 IP 相比，这类周播短视频 IP 在占据用户的速度上是远远无法企及的。

（3）做有价值的流量池积累以及用户沉淀。

一个好的短视频内容，需要用一定的流量数据来进行对其 IP 价值的证明。

需要特别提醒的是，流量本身是不产生价值的，尤其在拥有很多算法推荐的内容分发平台，每个被推荐的短视频内容只有在出现的那几秒才有存在感，更不要说和用户进行深度交流了。因此要考虑好流量池和流量转化和沉淀的问题。

很多头部短视频 IP 之所以做得好，是因为它们具备基础的流量池。垂直细分类的内容更大的价值其实在于触达用户之后，如何在每个用户身上深挖他们内在的商业价值。换句话说就是如何获得深层次的用户需求。

这一点可能和大多数做泛娱乐或者非垂直类内容的 IP 不同。它们可能会把流量作为第一衡量的标准，但垂直类内容一定要以最终的获客数量、与用户沟通交流的深度作为 IP 运营价值的衡量方式。仅仅关注流量，对垂直类内容来说，几乎没有意义。

（4）深度的用户运营能力。

上文已经提到了用户运营工作，但想要打造 IP，还需要进行更深度的工作。

① 首先需要将内容升级。

比如全网的短视频内容可以是一种宽泛的概念。一旦建立了社群组或者在微信公众号上推送内容，就需要考虑到这一群"种子用户"更细致更具体的需求。

因此很多垂直类行业 KOL，都会走"知识付费"这一步，是为了满足目标用户更具体的内容需求。

② 其次是采用内容电商的形式。

在微信群组和公众号上，售卖由 KOL 亲自测试、体验并推荐的商品，或者联系生产厂商去定制产品，都是为了给这部分深度用户提供服务。

例如在财经理财领域，很多图文公众号目前的主要变现方式是做金融营销，为很多保险产品和金融投资产品做渠道分销。这也是基于用户的直接需求提供的服务。

9.4 打造 IP 的具体操作

快速孵化一个短视频内容 IP 的步骤有以下几点。

（1）持续集中地生产内容。

孵化内容 IP 首先要坚持至少一年以上的孵化时间，计算好整个项目的投入产出比，控制好利润，如果可能最好实现日播。

适当放弃一些节目的包装和优化，因为那些可能并不是目标用户的根本需求。对用户存在刚需的垂直类内容，最重要的是先做出来，让内容上线，并保证一定强度的内容生产和发布速度。

（2）不断测试，不断调整。

接下来要做的就是不断测试和调整短视频内容的生产方式和运营

方式，以及内容策划的角度，并对选题进行不断优化。

做好标题和头图的运营工作。坚持运用用户思维和数据思维，每天回看各项数据，包括播放量、点击量、转发、点赞和评论等，不断修正目标用户画像。

（3）设计好终端服务产品。

很多团队往往忽略或者没有想明白，IP 打造出来后要提供给自己的目标用户什么产品和服务。

内容产品本身就是一种产品和服务，这一点毋庸置疑。但是垂直类内容真正的商业价值金矿是深入垂直领域的产业端。

垂直类内容与行业进行深度融合，甚至有可能颠覆其传统领域的交易方式和产品服务设计。而要达到这样的效果，对团队的分工构成需要提出一些关键性的要求。

如果团队成员清一色都是做内容出身，那么该团队最终打造的 IP，很有可能就是一个媒体产品，广告是其主要的变现方式。

如果团队成员有很多是从垂直类产业端出来的行业从业者，则可以结合垂直类产业的特点，通过和用户的深度交流，挖掘更多有价值的市场需求和用户需求。这个领域可能会比广告更具有未来长期迭代的价值，产生更大的商业利益。

（4）做好"播后服务"。

人格化的 IP，不仅要求主讲人在内容正文中与用户交流，还要求在评论区、弹幕区、微信公众号、微信群组、小程序和微店里，都要做 IP 的人格化打造，做到和用户交流，让用户从始至终都不要"出戏"。

对用户价值高的个人用户，甚至可以开通 VIP 绿色沟通的通道，直接和用户电话沟通。只有基于信任，用户才会和我们产生交易。

第10章 ""

短视频推广

短视频拍摄出来后，不仅仅是发布出去那么简单，还要有具体的推广过程。

短视频不同于传统的视频模式，推广工作非常重要。做好短视频推广可以迅速提高传播速度，扩大影响力，实现商业目的。

因此，短视频创作者需要认真做好短视频推广。

有很多短视频推广渠道，不同渠道有不同的特点和操作方法，短视频创作者要重点关注。

10.1 短视频推广目的

明确短视频推广目的，对短视频的推广有着至关重要的作用，可以迅速提高推广速度。

短视频推广的目的主要包括以下几点。

（1）获得粉丝。

如果推广目的是为了获得粉丝，那么把同一个视频在各个短视频平台都上传一次是个不错的选择。因为单个平台的用户数量和曝光次数都是有限的，多一个平台，播放量就多一次增长。

如果创作者的短视频内容比较有特点，可能前期就能获得一定量的粉丝积累，做得好还会上热门，用户看到后就会评论、转发和点赞，为创作者带来更多关注。

创作者也可以利用朋友圈为自己的视频进行引流，获得一定量的粉丝。

（2）获取品牌影响力。

如果推广目的是想获得更大的品牌影响力，可以选择多平台分发。在平台的选择上，要选择流量较多、知名度较高的大渠道，比如今日头条、爱奇艺、腾讯、美拍和微博等。

这些平台被人们所熟知，关注的人比较多，曝光率会比较高，提升品牌影响力的效果会更好。

（3）获得客户。

如果推广目的是想获得客户，除了视频平台，搜索引擎和社交平台也可以作为推广渠道。

例如：招商行业想通过短视频获得精准客户，可以在相关的招商网站、各大短视频平台、微信、微博和贴吧等平台投放短视频。

简而言之，要针对精准客户较为集中的渠道进行营销推广。这样的推广方式，省时、省力且成本较低，获取客户的成交概率更高。

10.2 常见的推广渠道

推广短视频，创作者首先要考虑自身属性。

比如个人创作者，自身喜欢拍摄，让更多人看到自己的视频。这样的创作者比较适合在微博上传视频，因为微博是社交平台，更具有传播性，可以满足创作者想让更多人看到自己的需求。

如果是短视频团队，想实现短视频的商业价值，可以选择在今日头条这类平台上进行推广。因为前期没有用户，今日头条的推荐机制会给团队带来一定的流量。

短视频推广前要先了解渠道特点，再结合用户特点去推广自己的视频。

现在常见的短视频推广渠道可以分为四类，包括在线视频渠道、资讯客户端、社交平台和短视频平台。

在线视频渠道包括爱奇艺、搜狐和腾讯视频等。这类平台是专门的视频网站，主要靠搜索或者小编推荐来获得播放量。运营可以与平台负责人合作，让他们为视频做推荐，以便获得更多的流量。

资讯客户端包括今日头条、企鹅媒体和一点资讯等。这类渠道的播放量是通过系统的推荐机制获得的，那么为视频取标题、打标签就非常重要，把这些做好，才会有更多的人来看视频。

社交平台如微博、微信和 QQ 等，这些平台更具有传播性，互动性也较强，适合用一些鼓励手段推动短视频的推广。

随着短视频越来越火爆，短视频平台也越来越多。

（1）抖音。

关键词：音乐、美好生活、全屏竖版、特效滤镜。

定位：专注年轻人的 15 秒音乐短视频社区。

运营模式：U 系平台。

内容调性：有趣、潮酷、年轻。

内容涵盖：以音乐为中心进行内容划分，比如流行、欧美、国风、混音、激萌、舞蹈、二次元、说唱、校园和影视原声等。

推出时间：2016 年 9 月。

视频时长：15 秒以内。

展现形式：主流竖屏。

人群属性：24 岁以下的年轻女性用户为主，一、二线城市渗透率高。

盈利模式：主要集中于广告、电商、直播和 MCN 等领域；在原生视频信息流广告之外，抖音启动了另一种商业化合作模式——定制站内挑战。

用户通过抖音可以分享生活，也可以认识到更多朋友，了解各种奇闻趣事。用户通过改变视频拍摄的快慢、运用视频编辑特效等技术，让视频更具创造性。以音乐、视频效果和电音为基础进行内容填充，引发大量用户围观，并进行模仿。

抖音通过短视频的方式，渗透到年轻化行业里，实现新型经济模式的崛起，迅速火爆起来。它更是引发了短视频内容及形式模仿的大浪潮，造星速度不容小觑。

同时抖音的数据算法以及经济模式遗传了今日头条的基因，通过分析用户特性，对他们喜爱的视频进行精准推送。抖音已经成为一、二线城市年轻一代的文化生态圈。

（2）火山小视频。

关键词：原创、全民、分享社区。

定位：15s 原创生活小视频社区。

运营模式：P+U 系平台。

内容调性：生活化、八卦猎奇。

内容涵盖：做菜、搞笑和玩乐等，涉猎范畴较广。

推出时间：2016 年 12 月。

视频时长：15 秒以内。

展现形式：主流竖屏。

人群属性：25 ~ 40 岁为火山用户的主要年龄段，25 ~ 30 岁的用户占 29.03%，31 ~ 35 岁的用户占 31.77%；用户主要集中在三、四线城市。

盈利模式：火山小视频的盈利模式主要是内容广告。用户积攒火力值兑换现金（10 火力 =1 元），火力值有三个来源，一是渠道给予的火力，称为视频火力；二是在直播过程中粉丝赠送的火力；最后一部分是其他火力，即用户在观看视频时用赠送的火苗兑换的火力。

火山小视频是一款 15s 原创生活小视频社区，由今日头条孵化，通过小视频帮助用户迅速获取内容、展示自我、获得粉丝和发现同好。

（3）西瓜视频。

关键词：横版视频、综艺、综合视频。

定位：个性化推荐的短视频平台。

运营模式：P 系平台。

内容调性：今日头条视频版。

内容涵盖：西瓜视频是今日头条号作者的一个创作平台，内容范围大而全，头部 KOL 的号召力强，内容更加丰富、垂直细分，互动性强。

推出时间：2016 年 5 月上线；2017 年 6 月更名。

视频时长：2 ~ 5 分钟。

展现形式：兼有竖屏和横屏。

人群属性：以"80 后"到"95 后"为主（依托今日头条庞大的用户基数）。

盈利模式主要有广告原生、内容原生和电商原生三种模式。

① 广告原生。

鼓励广告主生产适合自己品牌的广告素材与视频内容，通过视频及信息流投放的方式出现在产品中让用户消费。

② 内容原生。

帮助平台创作者与广告主连接内容共创，将品牌内容巧妙植入视频内容中。

③ 电商原生。

通过电商平台上架商品，让用户在观看的过程中，只要动动手指，即可马上购买，让用户自行选择消费。

西瓜视频是今日头条旗下的 App，是个性化的短视频推荐平台。通过人工智能帮助每个人发现自己喜欢的视频类型，并帮助视频创作者轻松地分享自己的视频作品。

西瓜视频基于人工智能算法，为用户做短视频内容推荐，让用户的每一次刷新都能发现新鲜、好看，符合自己口味的短视频内容。

西瓜视频以 PUGC 视频内容为核心，通过打通场景、玩法协同和内容分发机制，联动今日头条、懂车帝、抖音和火山小视频等平台，构建出字节跳动公司的全视频生态圈。

西瓜视频会依据不同人群的不同兴趣，为用户带来源源不断的优质内容，满足用户多元化内容的需求。西瓜视频鼓励多样化创作，并助力品牌探索更多元的内容营销方式。

在竞争激烈的短视频赛道上，西瓜视频正逐渐摸索出一条差异化的成长之路。

（4）快手。

关键词：原生态、真实、温暖。

定位：记录和分享生活。

运营模式：P+U 系平台。

内容调性：猎奇、搞怪、趣味。

内容涵盖：民间称其为"东北人专区"，内容有炫富、晒娃、犯傻、唱歌和跳舞等，包含丰富的奇闻轶事。作品没有标签分组，自由度高但质量难以保证。

推出时间：2014 年 11 月。

视频时长：1 分钟左右。

展现形式：主流竖屏。

人群属性：24 岁以下年轻女性用户为主，三、四线城市渗透率高，创作者多为农村背景。

盈利模式：主要是与主播进行收入分成，除此之外还包括信息流广告和游戏等。

快手的前身叫"GIF 快手"，最初是一款用来制作和分享 GIF 图片的手机应用程序，后来转型为一个短视频社区，作为用户记录和分享生产、生活的平台，也可以通过直播与粉丝实现实时互动。

快手主张先社交再兴趣，社交信任流量大于抖音，更利于机构和品牌在私域流量进行沟通。沟通越深，信任越强，距离转化的路径也就更短。这是快手火热的原因，它将商业变现的重心放在电商而非广告的底层基础。

快手推荐机制的核心是理解，包括理解内容的属性和人的属性、人和内容历史上的交互数据，然后通过模型预估内容与用户之间匹配程度。

快手的弱运营管控决定了平台内容质量的参差不齐，用户的沉浸式体验比抖音弱，瀑布流式的内容呈现方式增加了用户"跳出"的机会，也会影响商业变现效率。

短视频平台粉丝的多少，对视频播放量的影响较大。因此快手创作者需要经常和粉丝互动，维护粉丝关系。

117

第11章 ""

短视频变现

短视频创者者的最终目的是通过短视频达到变现，实现盈利。

创作者想要实现短视频变现，掌握变现的方式至关重要。

本章详细介绍了短视频内容广告、电商导购、付费服务和话务变现四种变现方式。

11.1 内容广告

内容广告是较为常见的一种变现方法，即广告投放源与平台合作，提供与平台内容类似的短视频内容，平台根据其内容性质提供相应的转化功能，比如给手机应用或游戏提供下载、给招商平台提供跳转链接或招商联系表单等。

单一的内容广告，合作方可能更关注内容浏览量、主转化功能点击量（比如 App 的下载）及广告的转化率（需根据具体的广告供应商决定）；在整个平台上的广告召回、点击量和推荐的准确率（需要根据单个内容广告的指标进行衡量）等。

11.2 电商导购

短视频相比于文字和图片，可以承载更多的内容。短视频用户的单日访问时长在逐年增加，用户在观看短视频时很容易完成从"种草"到购买的过程。

尤其是抖音类短视频平台，其内容占据了整个手机屏幕，对用户来讲，内容切换的相关性较低，不会像其他信息流短视频一样，对用户场景切换形成较大的干扰。

对淘宝客导购来说，短视频平台可以通过在视频制作时提供商品购买入口的方法收取功能费用，如添加强提示购买入口收费、视频指定时间节点投放入口收费等。

此外，可以通过导购内容平台的流量分发收费，通过浏览量加购买率的指标对淘宝客收取平台费用。

平台自身也可以做商品自营。平台根据自身内容的特点，如住宿、漫威等类别，引入相关商品供应商，收取佣金和返点。需要关注的指标有商品订单量、订单转化率等。

11.3 付费服务

短视频应用是高频消费工具，针对用户需要的服务生产付费内容，有很大的群体基础。

视频制作的功能和资源有很多，有音乐、视频剪辑和滤镜等，可根据当下的视频制作市场对此类功能和资源收费。比如前段时间井越年度 VLOG（即视频播客）的火热传播，带动了张蔷的《别再问我什么是迪斯科》和她的其他歌曲，而其他平台没有这首歌的版权。那么平台可购买此歌的版权，用收费的形式提供给有视频制作需求的用户使用。视频剪辑和滤镜等同理。

用户制作的视频当然希望能让更多的人看到。目前抖音已经在分享模块做了此功能的入口，创作者只要付费就可以实现高流量的内容App 推广功能。

面向用户的功能收费还有很多方面可以参考。如 QQ 空间装饰和平台游戏等，都可以根据当下平台的用户结构做尝试。

11.4 话务变现

话务变现是指通过语言的沟通技巧，让流量变成现金。我们应该如何运用沟通技巧实现话务变现呢？最快捷的方式是通过电话和微信实现。

在短视频领域中，要得到用户的电话号码有点困难。微信就成了短视频创作者的主要"武器"。

创作者可以利用视频热度将用户导流至微信，再进行营销。

微信营销技巧有以下几点。

（1）在短视频账号的签名栏中，放上助理或者客服的微信号，有很大概率用户会主动添加。

（2）用户主动添加微信好友通过后，助理或客服要第一时间分析客户的头像、昵称、个性签名、朋友圈以及朋友圈封面照片，以此来描绘客户的用户画像，创造共性话题。

（3）打招呼，进行自我介绍，然后介绍公司价值。选择性发十条以下资料图片，提醒客户查看资料，并对其进行回访。

（4）精心打造朋友圈，同时对客户的朋友圈进行评论。微信有朋友圈消息提醒，很多客户会看。

朋友圈每天设置的所有人可看到的内容，每天不要超过五条，分早、中、晚三次发布。

另外，要给微信列表里的客户分类，针对某种类型客户单独发朋友圈。

例如针对加了微信却长时间不说话、喜欢贪小便宜的客户。我们可以发一条朋友圈，内容为："为了庆祝公司成立一周年，凡给这条朋友圈点赞的好友，均可以找我领一个红包。"

针对一些发新闻链接的客户，可以先给他点赞，再评论、转发他的朋友圈，当然要设置为只有他可见，让他觉得你和他有共识。

平时发朋友圈的内容，要从三个角度出发：个人、公司以及客户。

朋友圈的内容要有真实感，要用自己的语言去组织发表。直接转载别人的朋友圈，如果图片、文字全部一模一样，是一种非常不理智的做法。

因为客户加了你的微信，也可能加了其他同行的微信。如果客户发现你们不是一个公司的，但是发的图片和文字一模一样，会给客户造成非常不好的印象。

（5）可以把群发的文字转化成语音发出去，以解决回访客户找不到话题的问题，避免尴尬或冷场。

（6）微信还有一个很重要的营销工具，就是视频。

永远不要低估视觉的冲击力，它比"文字＋图片"的效果要好很多。

企业可以打造出包含公司元素的视频：720VR 公司全景、移动端的 H5 和明星代言、点赞等，目的是展现公司实力。

可以打造独一无二的个人视频，个人录制公司产品介绍，目的是给客户真实感；还可以打造合作方的客户反馈视频，比如搜集或制作反馈好的视频，目的是让客户产生跟风的冲动。

这几种视频都是必不可少的营销工具，可以私信发给客户，也可以发朋友圈。

第12章 "

MCN

短视频爆发之后，不止某个人火了起来，也带火了一些 MCN。

越来越多的内容分发平台在今年启动了 MCN 战略。

在当下的内容产业链中，MCN 到底是什么、核心竞争力有哪些、MCN 的变现方式具体有哪些？

本章将针对这些内容进行详细介绍。

12.1 MCN 含义

MCN 机构模式，源于国外成熟的运作公司，本质是一个多频道的网络产品形态。它是将 PGC（专业内容生产）内容联合起来，在资本的有力支持下，保障内容的持续输出，最终实现商业的稳定变现。

MCN 是一个三位一体的概念，内容、平台和广告主都需要此类机构，比如个人 IP 孵化基地"百里挑一"图 12-1。

图 12-1 个人 IP 孵化基地"百里挑一"

由 PAPI 酱主导的 PAPITUBE，就是一个典型的 MCN 机构。其核心竞争力为内部的个人 IP 之间互相带动，占领短视频市场，从而吸引更多的流量。

12.2 MCN 的变现方式

MCN 主要的变现方式与独立内容创作者一样，依旧需要通过巨大的流量，从广告投资人、平台和粉丝三方分别获取报酬。不同之处在于 MCN 机构可以融资，以公司的身份活跃在大众视野中。

12.2.1 MCN 服务商解决三方需求

（1）对于达人、个人 IP（UGC）。

MCN 分析达人的特点，对其进行人设定位、内容策划、分发运营等方面提供建议和支持，这是一个标准化的生产流程，总而言之，保证稳定的内容输出是短视频变现的前提。公司有专门的人负责营销、推广、版权运营、商业化变现等、创作者可以专心做内容，而不用分心收入问题。

（2）对于直播平台。

平台方原因选择 MCN 机构作为中间方，有效降低了与内容创作者的沟通成本，在规模化的内容供给、内容形态的丰富、运营效率的提升方面扮演者重要角色。

（3）对于广告主。

MCN 能根据广告主需求提供更好的达人 /KOL 推荐建议，能提供创意策划等增值服务，能根据品牌特性选择传播渠道进行精准投放，并且可以跟踪效果，随时调整。

图 12-1 好商汇 MCN 直播营销解决方案

国内 MCN 功能重心的发展演化，与互联网平台的更迭息息相关。它经历了社交媒体时代的内容开发机构、短视频时代的个人 IP 孵化器，到"MCN+ 电商"的全面商业化阶段。通过打造优质内容——培养个人 IP——为产品引流，实现了流量商业效率的飞速提升。

12.2.2 MCN 商业价值体现方式

（1）带动粉丝集聚。

MCN 可以带动粉丝集聚，达到强化输出和固粉的效果。

无论是通过偶然的机会在网络走红，还是通过精心包装后走红，仅靠个人能力单打独斗难以获得长久的发展。你需借助 MCN 机构的团队化、专业化能力，保证内容稳定输出，形成"个人 IP——产品——买家"的闭环。

（2）开展多方合作。

MCN 可以通过瞄准短视频直播平台开展多方合作。

短视频便捷化、碎片化和趣味性的特点，与直播平台平民化、临场化和情景化的特点相结合，加速了眼球经济的发展。

市场上较大型的 MCN 机构，均与多个平台同时开展合作，微博、抖音、快手和淘宝直播是他们的主要合作对象，利用平台大量的用户基础，最大限度地实现导流。

"视频种草""内容就是产品"。短视频的变现手段层出不穷，MCN 机构以朋友的姿态、亲切的语气和佛系的态度，赢得了用户的好感，其内容更新速度快，能让用户保持新鲜感。

（3）培育跨平台个人 IP。

MCN 可以通过培育跨平台的个人 IP，使传播辐射全网。

微博、秒拍、抖音、快手和 YY 直播在不同的时间节点相继大火。抖音和快手的强势霸屏充分证明了大学生群体、都市白领和蓝领等不同阶层和文化背景的群体，在审美趣味和阅读偏好上存在的差异。

MCN 机构根据不同平台的特色，制作出符合平台调性的内容。打造跨平台个人 IP，逐渐实现全网导流。

（4）专注特定领域。

个性化消费时代的到来，使得垂直细分市场的需求量迅速增加。在美食、体育健身、美妆、女性潮服、家居和内衣等垂直领域内一、二线城市和四、五线城市存在产品差异。MCN 可以专注特定领域服务精细用户。

MCN 机构注重打造具有"特色"的个人 IP，创造出符合平台和产品气质的内容，因此，服务特定对象的 MCN 机构纷纷涌现。

（5）"电商 +MCN"互惠共赢。

"电商 +MCN"可以通过上接内容下对资源实现互惠共赢，开启全面电商化时代，是粉丝经济壮大的保证。

MCN 机构通过与平台合作或投资，争取平台的政策倾斜和流量支持，争取稳定的发展环境；用孵化和签约的方式去打造更多的个人 IP，完善平台内容生态；与广告主接洽拓展商业路径，最终实现变现。

商家借由个人 IP"带货"，促进消费市场的增长。MCN 机构通过内容生产，打通商品销售和市场消费环节，实现了与商家共赢共生。

一部短视频从制作到完成，再到推广，需要用到各种工具。

短视频制作前期会用到拍摄工具、录音工具和剪辑工具等，需要购买、维护，并由专业人员进行操作和使用。

短视频制作后期需要的工具属于互联网数字工具，比如上传短视频的平台、上传后视频的数据统计和分析所需工具等。

下篇
工具篇

第13章 ”

短视频制作工具

很多人以为拍短视频只需要有手机就可以了，因为后期剪辑和配音都可以通过手机上的软件完成。其实在手机上，很多功能是无法实现的。想要拍出专业、高水准的短视频，要用专业的制作工具。

专业的工具，不仅能提高视频质量，还能提升短视频的格调，扩大影响力，是短视频创作者做大做强的基本保证。

13.1 录制拍摄

图 13-1 佳能 6D2 单反相机：全画幅相机，搭配 VR 云台和鱼眼镜头，可拍摄制作高清 720° 全景 VR 图像；搭配智云稳定器，可拍摄流畅的运动画面；翻转屏设计，可轻松应对各种角度机位；搭配竖屏云台，可轻松拍摄竖屏视频，顺应竖屏视频时代业务发展需求。

图 13-1 佳能 6D2 单反相机

图 13-2 大疆精灵 4Pro 无人机：内置全景拍摄模式，一键即可轻松完成高清 720°全景 VR 图航拍；4K 分辨率的画面更清晰，细节更丰富，场景更大气；轻松解决高度、角度或效果达不到的问题。

图 13-2 大疆精灵 4Pro 无人机

图 13-3 松下 AU-EVA1 摄像机：电影级专业摄像机，可拍摄 4K 画面，画质细腻，层次丰富；配备升格拍摄功能，可拍摄高速运动画面，放大精彩瞬间；可扩展配件，选择多样，组装方便，适合不同拍摄需求。

图 13-3 松下 AU-EVA1 摄像机

图 13-4 索尼摄像机：广播级摄像机，焦段范围大，操作灵活，轻便小巧；可快速捕捉画面，不错过精彩瞬间；日常拍摄新闻采访、活动现场的常用设备。

图 13-4 索尼摄像机

图 13-5 收音麦克风：专业级收音设备，枪麦设计，指向性强，音质清晰，受环境音干扰小；外置防风套，户外收音时可有效减少风声等杂音，保留干脆、纯净的主体声音。

图 13-5 收音麦克风

柔光灯箱：全方位光源构造，可拍摄干净、简洁的产品画面，清晰展现出产品的每一处细节。

图 13-6 演播室摄影灯：专业级演播厅灯光，可实现多种灯光效果；适应不同拍摄需求，实现多种场景拍摄的灯光布局。

图 13-6 演播室摄影灯

图 13-7 三维数字虚拟演播室：通过绿幕与专业软件配套使用，可实现多种场景模拟。仿真三维场景可变换多种景别与角度，实现多种展现方式。

图 13-7 三维数字虚拟演播室

13.2 配音方式

图 13-8 现场采音：现场控音需要演员配合和机械配合，这样会让音质更高，同时可控性强，可用性高。

图 13-8 现场采音

后期配音：有固定合作的配音公司和各类配音网站。把文案发给对方，对方通过字符多少收费，付款后对方配音，我方最终确认。

13.3 剪辑软件

剪辑师常用软件：PR、FCP（剪辑软件）、AE（包装软件）、PS（平修图软件）辅助。

剪辑步骤：

第一步是筛选素材，如图 13-9。在资源管理器中，我们点击预览，筛选出我们需要的素材；

第二步是新建项目，如图 13-10。先建立项目的名称，再选择工程的位置；

第三步是导入素材，如图 13-11。将筛选好的音频和视频素材，导入软件的素材池；

第四步是初步剪辑，如图 13-12。先进行预览，再进一步筛选素材，并且做初步剪辑；

第五步是进行精剪，如图 13-13。精剪需要根据文案构思，进行剪辑；

第六步是将视频导出，如图 13-14。在剪辑完成后，要将视频导出成片到固定位置。

（1）筛选素材

图 13-9，在资源管理器中预览并筛选素材。

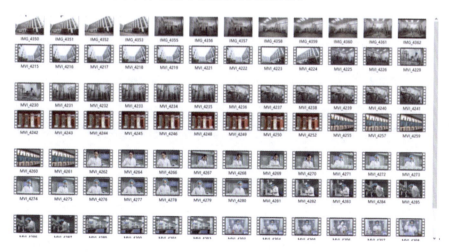

图 13-9 素材筛选

（2）新建项目

如图 13-10，建立项目名称，选择工程位置。

图 13-10 新建项目

（3）导入素材

如图 13-11，将筛选好的音频和视频素材，导入软件的素材池。

图 13-11 导入素材

（4）初步剪辑

如图 13-12，点击预览，进一步筛选素材，并做初步剪辑。

图 13-12 初步剪辑

（5）进行精剪

如图 13-13，根据文案构思进行剪辑。

图 13-13 进行精剪

（6）视频导出

如图 13-14，剪辑完成后，导出成片到固定位置。

图 13-14 视频导出

13.4 图片和配乐素材

视频首帧包括的元素是视频本身最大的亮点之一。创作者要做到"人无我有，人有我优"。

例如建材类视频首帧画面要包含优秀的原材料由实力工厂供应、比同行业更快更省等信息内容；餐饮类视频首帧画面要主打别人没有的主题，做别人没有、新鲜的内容。

首帧一定是吸引人的画面才可以带动用户兴趣。

一个好的推广短视频，除了视频画面本身，还要具备很重要的两点，配音和配乐。

配乐，即为视频配上声音、音效等，使视频变得立体（配乐方式查阅前文第五章第三节内容即可）。

配乐可以激发人的情绪，根据视频类型的不同，选择配乐的类型是关键。

例如餐饮类视频，需要的是轻快灵活的音乐；医疗养生类视频，则选择中国风的音乐。

短视频创作者应该建立一个图片和配乐素材库，这样每次剪辑视频时，就能快速获得自己需要的素材。

第 14 章 "

数据分析工具

数据是短视频呈现效果、影响力等方面的具体反馈，是衡量一个短视频成功与否的有效指标。

分析数据有助于短视频创作者了解自己的视频状态，可以找出不足，进行有针对性的调整，有助于制作出更好的短视频。

短视频创作者可以从多个渠道获取视频数据，从而进行全方位的分析。本章将具体介绍多个数据分析工具，供创作者参考。

14.1 平台自带的数据分析

短视频运营进行数据分析是必须修炼的功夫之一。无论是做微信公众号、自媒体、微博还是短视频，都需要进行数据分析。通过对运营账号的后台数据进行统计分析，可以不断优化选题内容，提升粉丝黏性，提高自身竞争力。

做短视频运营要分析的主要数据，包括播放量、评论量、点赞量、转发量和收藏量等几方面。一个短视频的好坏，通过对这几个指标的分析，基本可以判断出来。

（1）播放量。

播放量是分析视频最直观的数据。播放量的多少可以直接说明一个视频的好坏。视频的播放量意味着内容的曝光量，可以估算出有多少人看到了这个视频。

一些传媒制作机构在收取广告费时，也会着重考虑播放量。播放量高，收取的广告费自然就高。

（2）点赞量。

经常刷抖音的人会发现这样的现象，自己在观看视频时，看到喜欢的视频会情不自禁地点赞，有些小视频会直接引导用户点赞。

点赞量究竟有什么意义呢？

有一个流行词叫大数据。现在各个平台对用户流量抢夺非常厉害，它们都想给用户带来更好的体验，增加用户数量。其中一个方法就是利用大数据技术分析用户喜好的内容，给用户贴标签。

平台如何给用户贴标签，推送用户喜欢的内容呢？

平台主要根据用户浏览内容给用户贴标签。平台会利用大数据技术，记录分析每个用户浏览的内容，通过对用户点赞、留言和收藏的内容进行分析，给用户贴标签。

平台后期再给用户推送内容时，就会直接推送与点赞内容相类似的内容，吸引用户的眼球。

所以，很多人在做短视频时，都会尽量引导用户点赞、留言和评论。

因为点赞评论后，用户再次打开该视频软件时，平台会直接把用户曾经点赞过账号里其他的视频推荐给用户。更重要的是用户的点赞量会直接影响视频的播放量。

以抖音短视频平台推荐机制为例分析，视频的点赞量越大，意味着受用户的喜爱程度越高，那么视频的推荐量也会快速增长。

（3）评论量。

新媒体的一大特色就是传播者和受众之间的双向互动，传统的大众媒体无法比拟。

用户看到视频内容，如果要发表自己的观点，可以借助视频下方的评论窗口直接发布。评论会提升用户的参与感。换句话说，用户评论量越多，说明该视频的关注度越高。

分析视频的评论量对优化视频的选题内容和提升粉丝黏性，有着重要意义。

视频的内容或标题要有争议性，这样才会有用户评论，有用户评论才会有更多的人关注。

这样会形成一个螺旋式的传播过程，后面其他用户在看视频时，即便他们对视频内容不感兴趣，也会受好奇心的驱使，到用户留言区看看，或者发表自己的评论。

这样一来，就会吸引更多的人来观看这个视频，视频的播放量也会不断提升。

（4）转发量。

新媒体互动还有一个显著的特色是分享，就是人们经常说的转发。

用户看到一个好的视频内容会情不自禁地转发这条视频，分享给自己身边的亲朋好友，形成一个裂变式的传播效果。用户的分享和转发对提升一个视频的播放量有着非常重要的意义。

另外，转发和分享还可以吸引更多的精准粉丝。对一些想做社交电商或者线上销售的创作者来说，转发和分享可以提升账号的粉丝量和营销的精准度。长期来看，对提升粉丝转化效果有很大的帮助。

（5）收藏量。

做短视频运营的人都知道运营短视频需要不断做选题规划。如果自己花费精力制作出来的短视频没有得到平台和用户的喜爱，就会降低你做短视频运营的积极性。

你可以做一些教程类的短视频，用户的收藏说明该短视频对他人有一定的价值和意义。收藏短视频的意义是这些收藏的有用视频方便自己日后查看学习。

视频的收藏量直接证明了用户对这些选题内容的喜爱程度，对你规划短视频选题也有很高的参考意义和价值。

运营在做短视频选题苦恼时，应该多去账号后台分析视频的收藏量情况。参考视频的收藏量，规划视频的选题内容。

以上几个数据指标，就是做短视频运营常见的分析指标。做数据分析还有很多其他的指标，比如完播率、收藏率、点赞率和转发率等。

对每一个维度进行分析，都可以得出很多结论。大家在今后的运营过程中，可以多寻找一些数据指标，对优化调整短视频内容选题有着积极的指导作用。

14.2 常用数据分析平台

洞察能力，是看数据、分析数据时一个很重要的能力。对于没有洞察能力的人来说，数据只是数字，他们不懂数据背后的意义，更不会利用数据。

在短视频领域，洞察能力是洞悉某一群人行为背后的"隐秘共性"或"背后真相"的能力，是察觉与传播目的或媒介有关的"难以被察觉的真实"的能力，是引发用户共鸣与共情的秘诀。

在制作短视频时，如果能洞察特定用户的认知或行为共性，就能帮助短视频创作者更好地制作视频，增加视频的播放量。创作者对整个平台的参与人群有洞察能力，就能与平台用户进行更积极的互动。

洞察能力同样体现在变现方面，如果创作者对消费人群有一定的洞察能力，就能实现更有效的转化。

优秀的短视频日均 PV 量（浏览量）能达到 20 万级以上，CTR（点击率）在 4.5% 以上，用户平均浏览时间占视频总时长的 85%，转化率达到 9% 以上。

好商汇的大部分短视频，都能达到优秀标准，如图 14-1 所示。

图 14-1 好商汇短视频的 PV 量与转化率

有时视频的数据繁杂，需要较为专业的人员去整理、统计和分析。如果短视频团队内部不具备这样的人才，可以在网上寻找常用的数据分析平台，把这项工作外包出去。

数据分析平台主要包括以下几种。

（1）乐观短视频助手。

乐观短视频助手可以追踪 500 万以上主播视频数据，提供 46 个垂直领域榜单数据、300 万 + 热门视频制作和账号视频监控，支持 80 个账号数据运营管理和达人用户画像分析。

能实现热门视频的实时追踪，监测数据、精准分析、发现当红博主、追踪火爆视频以及实时更新播主信息与视频动态。

具备强大的短视频多账号管理功能，统计数据一目了然，可以精准分析用户画像，了解粉丝变化，帮助账号快速增粉，提升账号价值。

（2）诸葛 io。

诸葛 io 能实现精准获客，降低推广成本，提升转化效果。

它最好用的功能是可以采集用户全生命周期数据，让短视频创作者迅速洞察业务高增长发展契机。比如投放渠道数据采集、数据汇总分析、业务系统数据采集和自有平台数据采集等，诸葛 IO 都能实现。

除此之外，诸葛 io 还有领先的用户模型，能深入分析场景。

（3）飞瓜数据。

飞瓜数据是一个短视频热门视频、商品及账号的数据分析平台。

它可以用大数据追踪短视频流量趋势，提供热门视频、音乐、爆款商品及优质账号，助力账号内容定位、粉丝增长、用户画像优化及流量变现。

它能快速发现短视频平台的最新热点，把握短视频热门趋势，实现追热点、生产爆款视频快人一步；发现海量实时热门视频；发现短视频优质音乐，借助热点，融入内容创作，获取更多流量。

它最特别的功能是能够提供短视频爆款的电商数据，挖掘短视频热卖商品及带货账号，实现精准选品、提高电商变现转化率。

短视频创作者想要实现短视频的变现，招商是最直接的办法。通过短视频可以实现产品宣传、招商加盟等多种商业目的。

　　创作者要明确自己可以提供的商业服务项目，做好宣传工作，才能更好地实现招商目的。在招商过程中要运用好用户思维，才能制定有针对性的招商计划。

　　附录以好商汇为例，详细介绍自己的招商实践，为广大创作者提供参考。

附录

附录一 ""

好商汇服务项目

利用短视频进行招商的方式多种多样，关键看团队如何操作。

好商汇针对短视频领域推出了一系列的服务项目，很好地帮助企业实现招商加盟、宣传推广等目的。

视频类型	用途
短视频制作	为企业量身打造朋友圈，百度、头条、抖音、火山等引流短视频；所有视频可用于曝光宣传，外发推广，线上推广等
企业宣传片	3 分钟起步的宣传片，树立企业形象，高效提升企业竞争力
情节推广篇	3 分钟以内的剧情延伸，灵动宣传，柔性推广，不一样的宣传方式
M90 视频	简短的一分半，细化塑造企业品牌，深度开拓品牌竞争力
VR720° 全景拍摄	身临现场的 VR 体验，720° 还原企业 / 工厂原貌
一对一专访拍摄	深度挖掘，全面传播，助力提升品牌影响力

表 1 好商汇短视频服务项目

附录二 ,,

好商汇招商工具包

一个短视频包含的元素多种多样。

好商汇专门打造了一个短视频招商工具包，里面的元素包括企业规模、企业实力、企业荣誉、公司团队、公司产品和加盟商风采。如图一所示。

图 1 好商汇短视频招商工具包组成结构

企业规模

通过介绍企业规模、注册资金、分公司、生产总值、销售总值、实体厂房面积、固定资产和团队人数等方面内容，让加盟商对企业有系统的了解，从而提高加盟商的信心。

企业实力

展示企业实力，让加盟商了解企业的过去。

首先，让加盟商了解企业的发展史。对加盟商来说企业是陌生的，要让加盟商放心地经销企业的产品，必须让加盟商与企业建立起信任。

其次，让加盟商信任企业。只靠说是远远不够的，要有有说服力的招商工具，如企业所获得的荣誉，媒体对企业先进事迹的报道等。

企业要做好长远的规划，对企业的前景做一个描绘，树立企业长久发展的形象。让加盟商意识到这是一个很有发展潜力的企业，与这样的企业合作有前途。

企业荣誉

企业荣誉最能证明一个企业的实力。企业荣誉可以用于展示、招投标，还可以在消费者心目中树立起良好的品牌形象，确立行业中的地位，从而为企业开拓更广阔的市场销路。

在短视频中加入企业荣誉，不但能提高消费者对企业的认可度、提高企业形象，更能提高企业品牌的知名度。

公司团队

一个优秀的招商团队应该具备专业的招商团队员工。严格的科学管理制度是优秀招商队伍的保障。建立业务管理制度，规范操作流程和个人行为，建立业绩考核制度和与绩效挂钩的薪资政策，激励员工的积极性，确保招商目标的实现。

公司产品

企业一般会有主要产品和分类产品，要从众多产品中筛选出最具差异化竞争优势的产品作为主要推广对象。产品必须符合企业的中长期发展目标，具有统领性、延展性和品牌带动性。

加盟商风采

事实胜于雄辩。请已经合作的优秀加盟商现身说法，讲述自己与企业合作的经历、经营的业绩，用具体的数字来说明产品给自己带来的利益。

通过加盟商的讲解，可以打消意向加盟商对产品的疑虑。意向加盟商会认为之前的加盟商可以做出成绩，那么自己也一定可以。

附录三 ""

好商汇对用户思维的运用

用户思维在行业中的运用十分广泛，在招商加盟行业当中也起着非常关键的作用。

用户思维指导加盟行业构建用户画像，将品牌方、加盟商和客户连接起来，从根本上提高行业效率，帮助企业快速找到精准用户群体以及用户需求。

用户数据收集的主要手段有网络购买、电话咨询、街头活动以及会员注册等，通过一手的精准资料来分析用户属性，并建立用户画像，实现精准转化。

招商加盟行业的数据来源十分广泛，品牌方和加盟方都会进行用户数据收集，二者的侧重点不同。

品牌方数据收集主要围绕加盟方展开，要收集区域内加盟商的资料，包括加盟商的社会属性、资金状况和口碑评价等；对加盟商而言，收集消费者的社会属性、生活习惯和消费行为等主要信息，是构建消费者用户画像的前提。

因此，在招商加盟行业内构建用户画像，需要大量的一手真实客户资料。

有了初步的数据，就可以通过资料进行数据分析，抽象描绘出一个用户画像全貌，为之后的招商活动提供足够的信息基础。

例如餐饮小吃的品牌方可以通过数据分析，构建关于加盟商的用户画像。用户主要是一些想要做小吃项目的人，他们应该是有投资能力的，根据经验，18 ~ 50 岁的男性可能更符合要求。

他们应该搜索过"小吃加盟""小吃培训"等关键词，意向强烈的客户应该不止一次地搜索过类似的关键词；他们也可能多次访问过招商网站或相关的餐饮加盟类网站；也可能在今日头条、知乎等 App 上，关注餐饮创业、小吃加盟类的板块内容。

再比如全屋整装的加盟商，可以通过收集过去的客户资料数据，包括用户的年龄、性别、地域、消费心理、消费场景和投入预期等，给用户打上标签，构建用户画像。

根据大数据筛选潜在用户，能最大限度地提高转化率，还能帮助品牌方完善产品运营，提升用户体验，改变以往闭门造车式的生产模式。

后记 ''

展望未来，短视频会成为营销主流渠道

　　在移动互联网时代，每个品牌都需要用短视频来表达品牌故事。无论是采用竖屏广告，还是应用短视频平台开展创意化、场景化的营销活动，都离不开短视频的参与。短视频行业蕴藏着巨大的创意和想象空间，很多品牌已经在短视频平台率先"抢滩"。

　　如今短视频营销生态日趋成熟，短视频不仅成为移动互联网新一代的影像，竖屏广告也为短视频营销打开了一扇新的大门。每个行业都可以结合自身的产品和品牌特性，用短视频找到与移动互联网用户的对话方式。

　　近年来短视频营销创造了一个又一个神话，"口红一哥"李佳琦5分钟内卖掉1.5万支口红。在淘宝"女王节"中，他仅凭5.5小时的美妆视频直播，实现成交产品23000单，交易额达353万元。

　　现在各行各业都想借助短视频营销实现利润最大化。无论是香奈儿、小米和网易这样的大品牌、大企业，还是电商卖家、电影剧组，都会投入资金做短视频营销，并且达到了一定的效果。

在未来，5G 等新技术的落地，会推动短视频行业进入下一个快速发展阶段。人工智能技术的广泛应用也有助于提升短视频平台的审核效率，降低运营成本，提升用户体验；同时还能协助平台更好地洞察用户需求，助推商业化进程。

这就意味着谁先抢占了竖屏广告的阵地和短视频的流量入口，谁就能在未来的营销中领先对手。

而品牌短视频营销的重点不仅要顺应"竖屏优先"的趋势，还需要通过精巧的创意，不断进行内容创意的延展。

这些内容在本书中都有提及。

相信广大读者通过深入研究本书内容，学以致用，定能"玩赚"短视频！

特别鸣谢 ""

孙 锋

好商汇创始人之一

万 奇

好商汇网络公司总经理

方冠宇

好商汇总裁助理
/ 媒介总监

朱奇巧

好商汇策划
视频团队总监

纪 斌

好商汇策划部

吴琼华

好商汇视频部

熊 锋

好商汇品牌管理（广州）
有限公司总经理

卢 爽

好商汇客服总监

杜恒碧

高级培训师

梁 文

好商汇北京分公司
总经理

展秋生

好商汇 MCN 公司
总经理

唐 艺

网红